Bildwörterbuch FRANZÖSISCH

DORLING KINDERSLEY

Inhalt

DORLING KINDERSLEY
London, New York, Melbourne, München und Delhi

Redaktion Elise See Tai
Projektbetreuung Anna Harrison
Bildbetreuung Ann Cannings, Emy Manby
DTP Design David McDonald
Herstellung Harriet Maxwell
Cheflektorat Scarlett O'Hara

Für die deutsche Ausgabe:
Programmleitung Monika Schlitzer
Projektbetreuung Martina Glöde
Herstellungsleitung Dorothee Whittaker
Herstellung Verena Salm

Bibliografische Information Der Deutschen Bibliothek
Die Deutsche Bibliothek verzeichnet diese Publikation in der Deutschen Nationalbibliografie; detaillierte bibliografische Daten sind im Internet über http://dnb.ddb.de abrufbar.

Titel der englischen Originalausgabe:
First French Picture Dictionary

Übersetzung Karin Fellner

ISBN 10: 3-8310-0911-2
ISBN 13: 978-3-8310-0911-4

Colour reproduction by Colourscan, Singapore
Printed and bound in China by Toppan

Besuchen Sie uns im Internet
www.dk.com

So benutzt du dein Buch

In der ersten Buchhälfte gibt es 26 Themenseiten. Zu jedem Bild findest du jeweils das französische Wort und die deutsche Übersetzung. Auf der CD kannst du dir anhören, wie die Wörter ausgesprochen werden. In den alphabetischen Wörterlisten in der zweiten Buchhälfte kannst du gezielt nach einem deutschen oder französischen Wort suchen. Die Lautschrift zeigt dir an, wie man das Französische richtig ausspricht. Die Verben haben ein eigenes Kapitel. Ganz am Schluss findest du einige nützliche französische Redewendungen.

Themenseiten

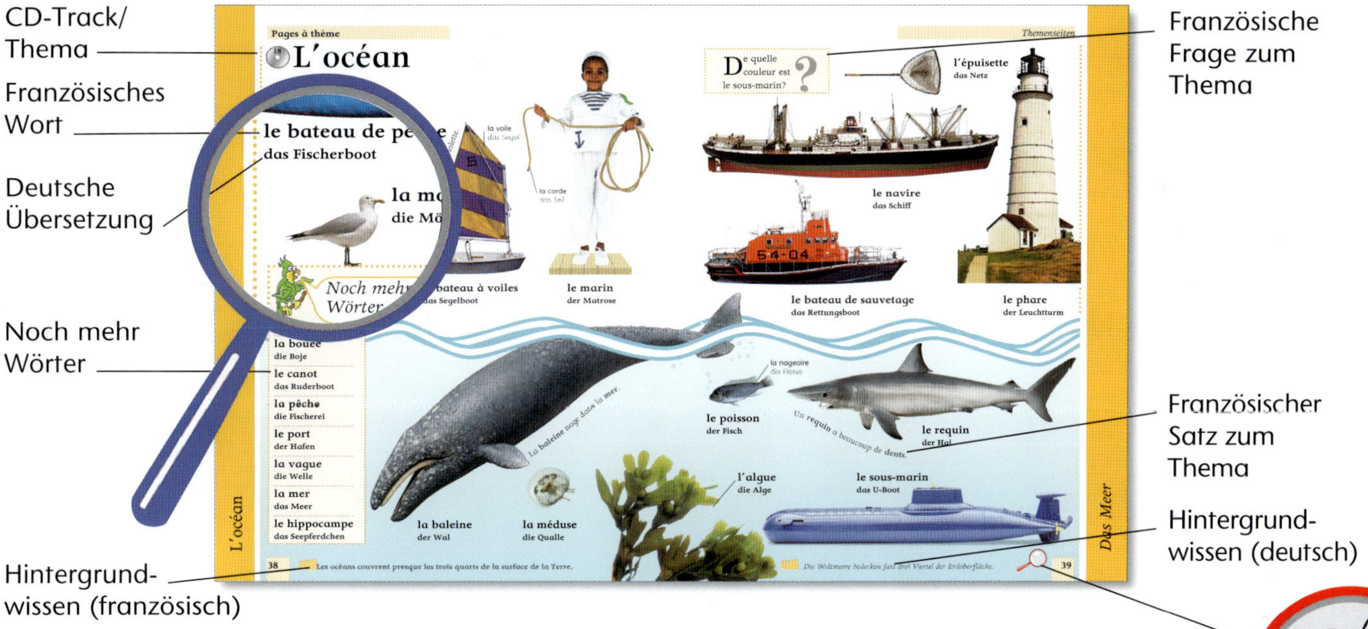

Wörterliste Deutsch-Französisch A–Z

Tout à mon sujet

Alles über mich

Je suis **grande**.

le frère
der Bruder

la sœur
die Schwester

le grand-père
der Großvater

la grand-mère
die Großmutter

les grands-parents
die Großeltern

le père
der Vater

la mère
die Mutter

le bébé
das Baby

Voici ma **famille**.

l'enfant
das Kind

la tante
die Tante

l'oncle
der Onkel

Nous sommes **heureuses**!

heureux
glücklich

Thomas est **furieux**.

furieux
wütend

Il y a environ 206 os dans ton corps!

Noch mehr Wörter

les cheveux
die Haare

le cou
der Hals

le coude
der Ellbogen

le pouce
der Daumen

la dent
der Zahn

le dos
der Rücken

le genou
das Knie

le sourcil
die Augenbraue

le visage
das Gesicht

la famille
die Familie

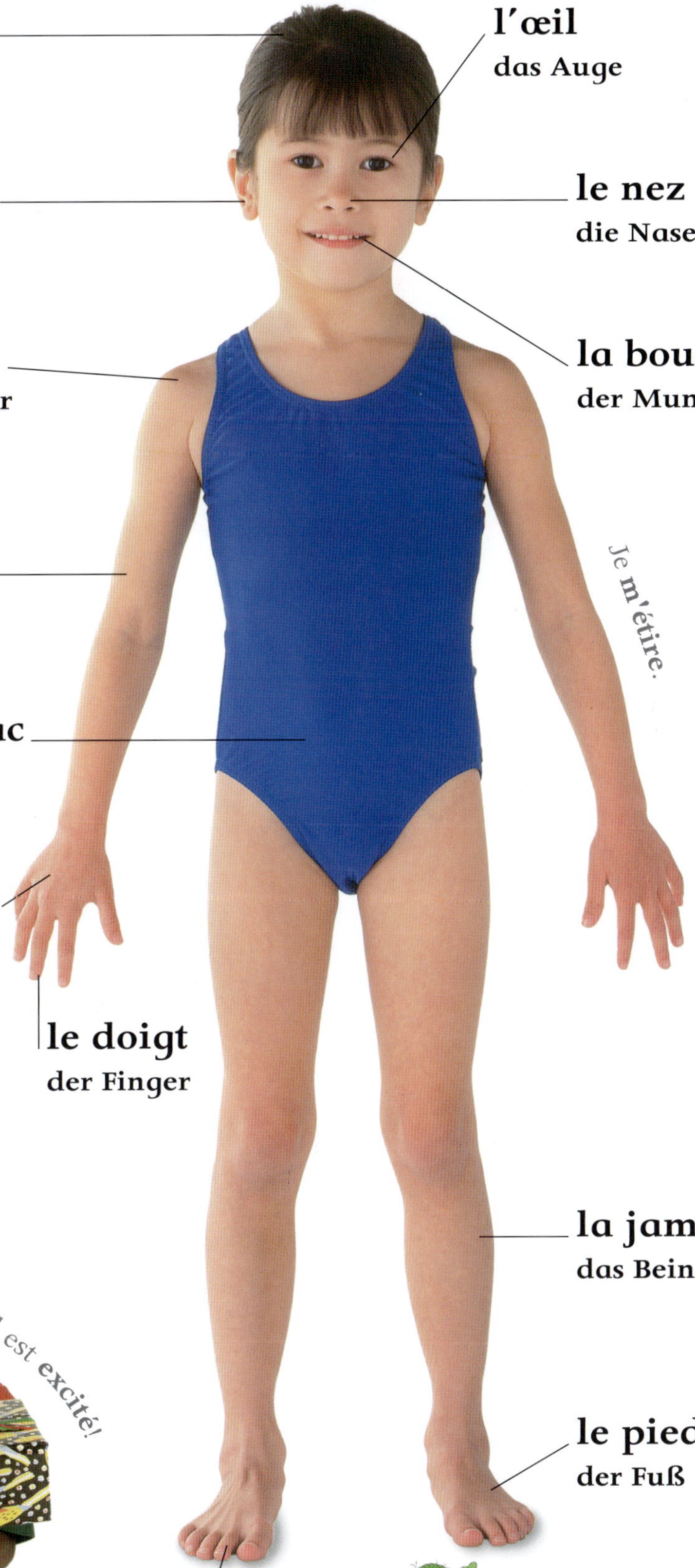

triste
traurig

excité
aufgeregt

De quelle couleur sont tes yeux?

In deinem Körper gibt es ungefähr 206 Knochen!

Les vêtements

Kleidung

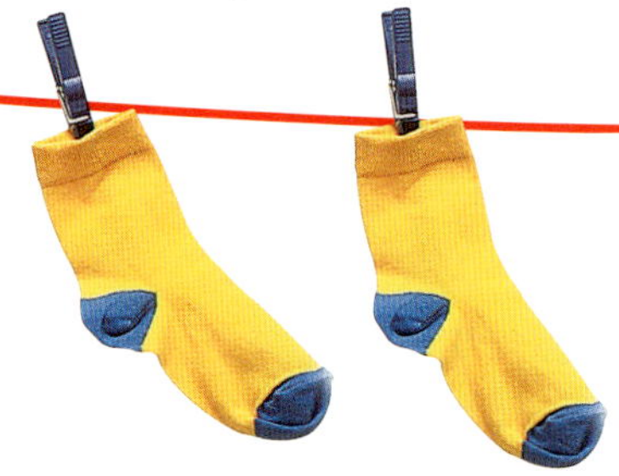

les chaussettes
die Socken

la chemise
das Hemd

le jean
die Jeans

Noch mehr Wörter

la chaussure
der Schuh

le chemisier
die Bluse

les lunettes
die Brille

les chaussons
die Hausschuhe

le pull-over
der Pullover

le pyjama
der Schlafanzug

la robe
das Kleid

les sous-vêtements
die Unterwäsche

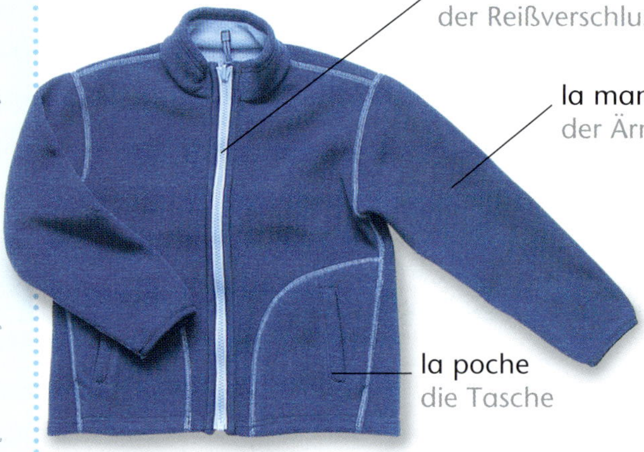

la polaire
die Fleecejacke

les baskets
die Turnschuhe

l'écharpe
der Schal

le manteau
der Mantel

Les vêtements

Les jeans existent depuis plus de 130 ans!

la ceinture
der Gürtel

le pantalon
die Hose

le tee-shirt
das T-Shirt

le short
die Shorts

le maillot de bain
der Badeanzug

le blouson
die Jacke

la capuche
die Kapuze

l'imperméable
der Regenmantel

la jupe
der Rock

les bottes
die Stiefel

Les **jeans** et les **baskets** sont mes **vêtements** préférés.

Aimes-tu porter des baskets?

La cuisine

Die Küche

la poêle
die Pfanne

l'assiette
der Teller

le four
der Ofen

la cuisinière
der Herd

la cuillère
der Löffel

la tasse
der Becher

le livre
das Buch

le torchon
das Geschirrtuch

la casserole
der Kochtopf

Qu'y a-t-il dans la cuillère?

La première cuisinière à gaz a été fabriquée en 1826.

Merci de **laver la vaisselle**.

le placard
der Schrank

l'évier
das Spülbecken

le congélateur
der Gefrierschrank

le réfrigérateur
der Kühlschrank

Noch mehr Wörter

la bouilloire
der Wasserkocher

la cruche
der Krug

la tasse
die Tasse

la vaisselle
das Geschirr

la table
der Tisch

le grille-pain
der Toaster

la machine à laver
die Waschmaschine

le plateau
das Tablett

la poubelle
der Abfalleimer

le couteau
das Messer

la fourchette
die Gabel

Aimes-tu faire de la pâtisserie?

le tablier
die Schürze

le gant de cuisine
der Topfhandschuh

le verre
das Glas

Der erste Gasherd wurde 1826 hergestellt.

La salle de bains

Das Badezimmer

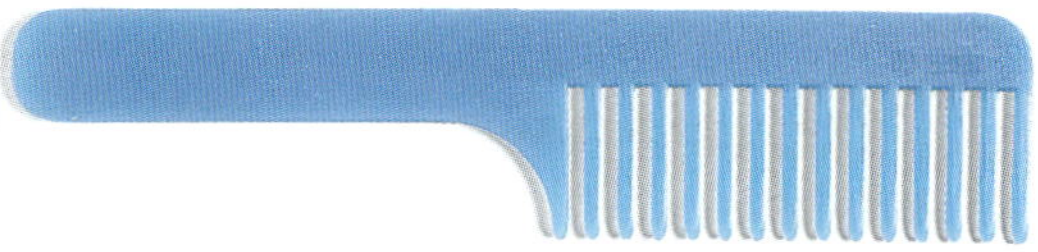

le peigne
der Kamm

la baignoire
die Badewanne

C'est rigolo de faire des **bulles**.

le jouet
das Spielzeug

l'eau
das Wasser

l'éponge
der Schwamm

les serviettes
die Handtücher

Je mets du **dentifrice** sur ma **brosse à dents**.

le tube
die Tube

le dentifrice
die Zahnpasta

la brosse à dents
die Zahnbürste

Combien d'objets jaunes y a-t-il sur cette page?

La salle de bains la plus chère a des toilettes en or!

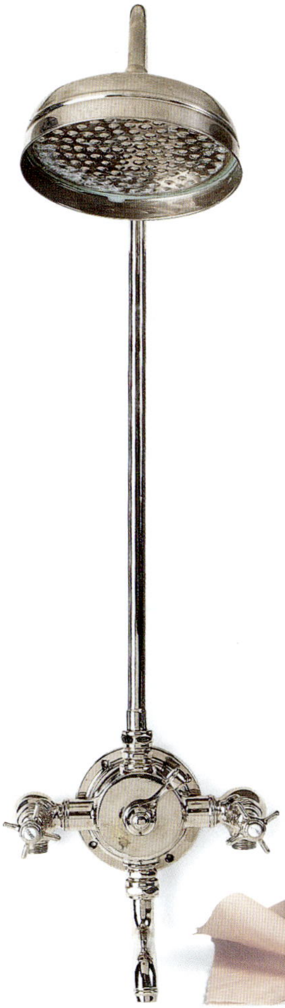

le shampooing
das Shampoo

le miroir
der Spiegel

la douche
die Dusche

le papier-toilette
das Toilettenpapier

le savon
die Seife

Noch mehr Wörter

la brosse à cheveux
die Haarbürste

la buée
der Dampf

le mouchoir en papier
das Papiertaschentuch

se laver
sich waschen

prendre une douche
duschen

le gel douche
das Duschgel

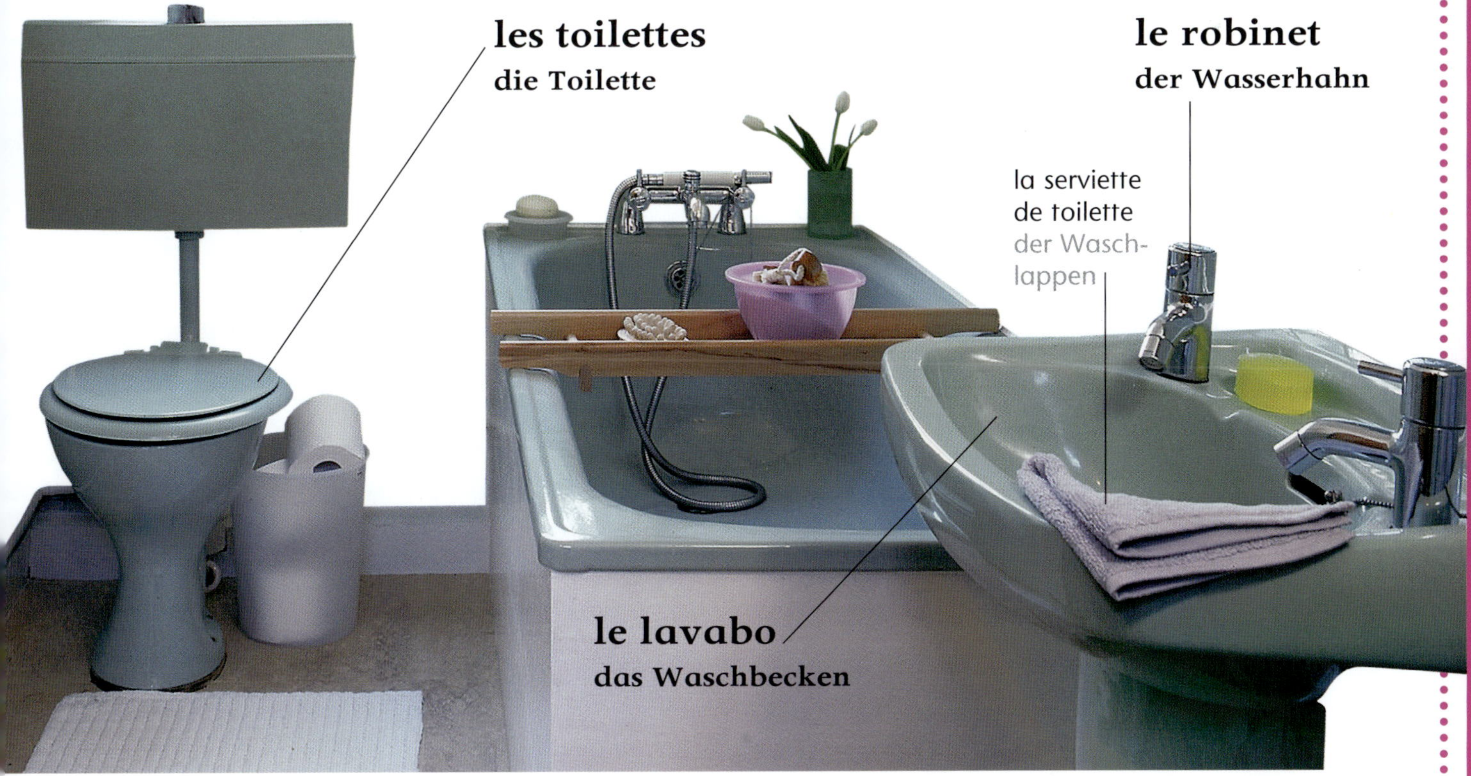

les toilettes
die Toilette

le robinet
der Wasserhahn

la serviette de toilette
der Waschlappen

le lavabo
das Waschbecken

le réveil
der Wecker

le lit
das Bett

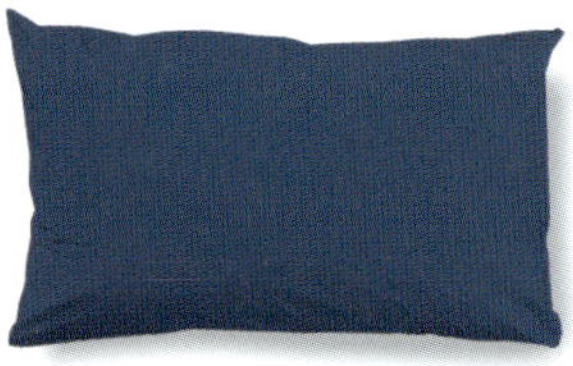

l'oreiller
das Kissen

la couette
die Bettdecke

la chaise
der Stuhl

5 Ma chambre

Mein Zimmer

Qu'y a-t-il dans l'**armoire**?

les livres
die Bücher

le tapis
der Vorleger

La **moquette** est bleue.

Je sais jouer de la **guitare**.

l'armoire
der Kleiderschrank

la guitare
die Gitarre

le cintre
der Kleiderbügel

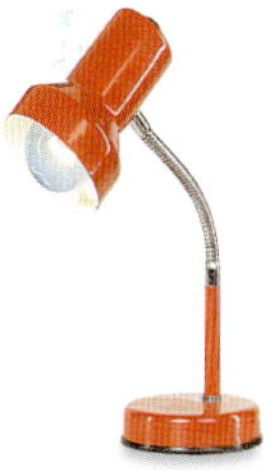

la lampe
die Lampe

le miroir
der Spiegel

6 Le jardin

Der Garten

la brouette
die Schubkarre

l'arbre
der Baum

le râteau
der Rechen

l'herbe
das Gras

la tondeuse à gazon
der Rasenmäher

Noch mehr Wörter

l'arrosoir
die Gießkanne

la barrière
der Zaun

le bulbe
die Blumenzwiebel

le buisson
der Busch

la feuille
das Blatt

la pelouse
der Rasen

le jardinier
der Gärtner
die Gärtnerin

la serre
das Gewächshaus

D'habitude, les papillons volent le jour et les papillons de nuit volent la nuit.

De quelle couleur est la coccinelle sur cette page?

l'escargot
die Schnecke

le ver de terre
der Regenwurm

l'aile
der Flügel

le papillon
der Schmetterling

l'abeille
die Biene

la graine
der Samen

la coccinelle
der Marienkäfer

Les **fleurs poussent** dans le **jardin**.

Marie **creuse** dans le **jardin**.

la chenille
die Raupe

la bêche
der Spaten

la fleur
die Blume

la terre
die Erde

Schmetterlinge fliegen gewöhnlich tagsüber, Nachtfalter dagegen nachts.

La vie en ville

In der Stadt

l'autobus
der Bus

la maison
das Haus

Quelle heure est-il sur l'horloge bleue?

l'horloge
die Uhr

Les villes ont de hauts bâtiments appelés gratte-ciels.

le gratte-ciel
der Wolkenkratzer

l'appartement
die Wohnung

la rue
die Straße

le magasin
das Geschäft

Tokyo, au Japon, est une des plus grandes villes du monde.

Noch mehr Wörter

l'arrêt de bus
die Bushaltestelle

l'autoroute
die Autobahn

la gare
der Bahnhof

la route
die Landstraße

le trottoir
der Bürgersteig

l'église
die Kirche

le café
das Café

le restaurant
das Restaurant

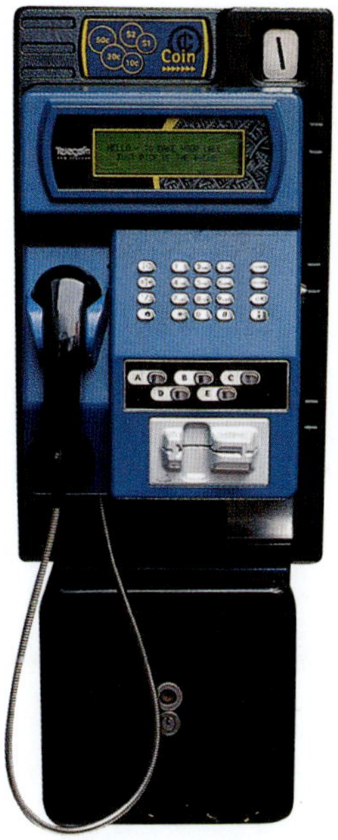

le téléphone
das Telefon

le panneau
das Schild

les feux de signalisation
die Ampel

le réverbère
die Straßenlaterne

le cinéma
das Kino

le carrefour
die Kreuzung

l'hôtel
das Hotel

le taxi
das Taxi

Tokio in Japan ist eine der größten Städte der Welt.

le cerf-volant
der Drachen

la corde à sauter
das Springseil

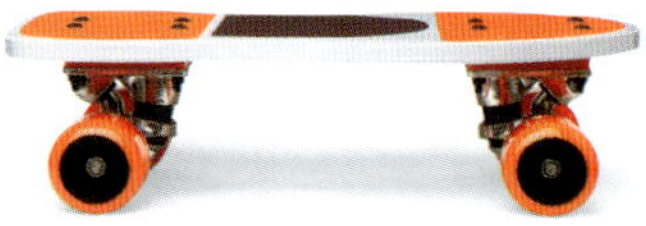

le skate-board
das Skateboard

les fleurs
die Blumen

le tourniquet
das Karussell

Au parc

Im Park

Les **oiseaux** chantent.

l'arbre
der Baum

la balançoire
die Schaukel

le garçon
der Junge

le ballon de football
der Fußball

Mon **jeu préféré** est le football.

le papillon
der Schmetterling

l'oiseau
der Vogel

le vélo
das Fahrrad

la feuille
das Blatt

l'herbe
das Gras

9 Les loisirs

Hobbys

Je suis **prête** à **aller** nager.

Mes **fleurs** poussent.

faire du camping
zelten

nager
schwimmen

le jardinage
die Gartenarbeit

jouer d'un instrument
ein Instrument spielen

observer les oiseaux
Vögel beobachten

Mathilde **s'entraîne** tous les jours.

faire de la danse
tanzen

Le surf a commencé à Hawaï il y a environ 300 ans.

Noch mehr Wörter

chanter
singen

collectionner
sammeln

dessiner
zeichnen

faire la cuisine
kochen

faire du roller
Rollschuh laufen

faire du théâtre
Theater spielen

faire du vélo
Fahrrad fahren

lire
lesen

jouer
spielen

surfer
surfen

Quel est ton loisir préféré?

Je **saute** et je **m'étire** à la gymnastique.

la gymnastique
die Gymnastik

prendre une photo
fotografieren

peindre
malen

écrire
schreiben

10 La nourriture

Essen

l'orange
die Orange

la pomme
der Apfel

la pastèque
die Wassermelone

la banane
die Banane

la tomate
die Tomate

la carotte
die Karotte

la laitue
der Salat

le chou
der Kohl

Nous **mangeons** des **spaghettis**!

L'ananas est un **fruit**.

l'ananas
die Ananas

La carotte est un légume et une racine!

la pomme de terre
die Kartoffel

l'œuf
das Ei

le yaourt
der Jogurt

le lait
die Milch

la confiture
die Marmelade

Que manges-tu au petit-déjeuner?

J'aime le **pain** avec du **miel**.

le pain
das Brot

le beurre
die Butter

le miel
der Honig

les pâtes
die Nudeln

la viande
das Fleisch

Noch mehr Wörter

le biscuit
der Keks

la farine
das Mehl

le fruit
das Obst

le légume
das Gemüse

l'oignon
die Zwiebel

le poulet
das Hühnchen

le fromage
der Käse

les spaghettis
die Spagetti

le sucre
der Zucker

le sel
das Salz

Essen

Die Karotte ist eine Wurzel und gehört zum Gemüse.

Les courses

Beim Einkaufen

Aimes-tu faire les courses?

le prix
der Preis

le marché
der Markt

l'argent
das Geld

le sac
die Einkaufstasche

Je **dois acheter** des **œufs**.

Nous **attendons** dans la **queue**.

le caddie
der Einkaufswagen

le panier
der Korb

Le premier caddie a été inventé il y a plus de 60 ans!

la serveuse
die Kellnerin

le café
das Café

la liste de courses
die Einkaufsliste

le supermarché
der Supermarkt

la boulangerie
die Bäckerei

la librairie
der Buchladen

Elle a beaucoup de **sacs**!

l'acheteuse
die Käuferin

Noch mehr Wörter

acheter
kaufen

payer
bezahlen

la caisse
die Kasse

le ticket de caisse
der Kassenzettel

faire les courses
einkaufen gehen

le magasin
der Laden

la pharmacie
die Apotheke

le vendeur
der Verkäufer

fermé
geschlossen

Der erste Einkaufswagen wurde vor mehr als 60 Jahren erfunden!

la boisson
das Getränk

les sandwichs
die belegten Brote

les cartes d'anniversaire
die Geburtstags-karten

les bougies
die Kerzen

le gâteau d'anniversaire
der Geburtstags-kuchen

À la fête

Auf der Party

C'est rigolo de **jouer** avec les **ballons**.

le magicien
der Zauberer

Nous aimons **danser**.

le lecteur de CD
der CD-Spieler

Vois-tu le **gâteau d'anniversaire**?

les décorations
die Dekoration

les cadeaux
die Geschenke

les ballons
die Luftballons

l'appareil photo
der Fotoapparat

les biscuits
die Kekse

la glace
die Eiskreme

les bonbons
die Bonbons

Temps libre

Freizeit

le jeu de plateau
das Brettspiel

le ballon
der Ball

le robot
der Roboter

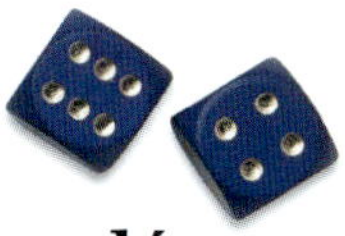

les dés
die Würfel

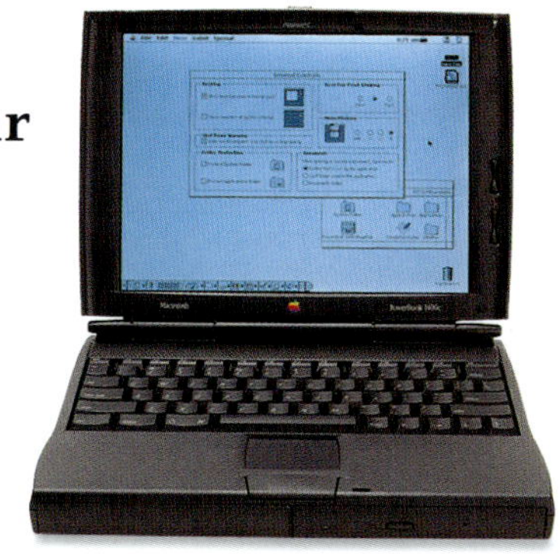

l'ordinateur portable
der Laptop

le train
der Zug

le crayon de couleur
der Buntstift

le dessin
die Zeichnung

le puzzle
das Puzzle

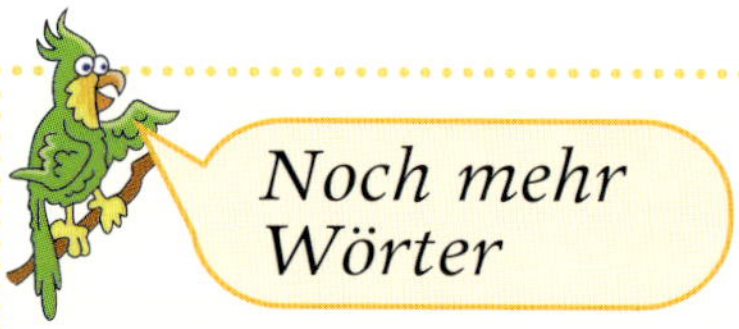

jouer à cache-cache
Verstecken spielen

les cubes
die Bauklötze

le jeu
das Spiel

le jouet
das Spielzeug

la marionnette
die Handpuppe

le masque
die Maske

la poupée
die Puppe

les vacances
die Ferien

Le premier ordinateur portable a été fabriqué il y a plus de 20 ans.

les cartes
die Karten

les CD
die CDs

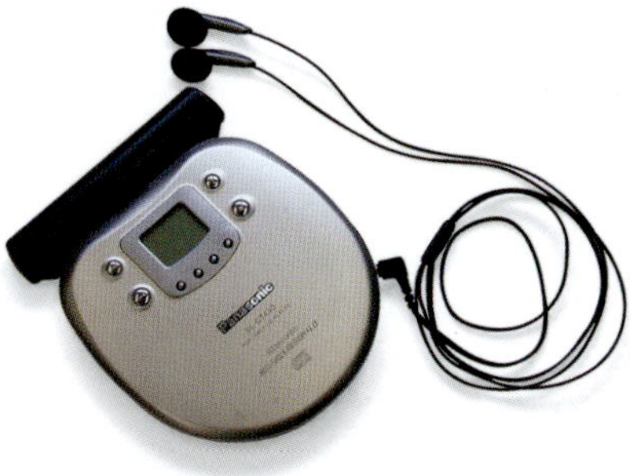

le lecteur de CD
der CD-Spieler

le jeu électronique
das Computerspiel

le casque
der Helm

Il bouge très vite!

faire du roller
Rollschuh laufen

Nous adorons les **spectacles de marionnettes**.

le spectacle de marionnettes
das Puppentheater

l'ours en peluche
der Teddybär

le déguisement
das Faschingskostüm

Aimes-tu les jeux électroniques?

Les moyens de transport

Verkehrsmittel

l'avion
das Flugzeug

le ferry-boat
die Fähre

le bateau à voiles
das Segelboot

le taxi
das Taxi

le camion
der Lastwagen

le vélo
das Fahrrad

Les **gens** voyagent en **autobus**.

l'autobus
der Bus

Pour les secours

Rettungsdienst

le camion de pompier
das Feuerwehrauto

Le camion de pompier le plus rapide a atteint 655 kilomètres-heure en 1998!

la montgolfière
der Heißluftballon

le train
der Zug

la voiture
das Auto

la moto
das Motorrad

Noch mehr Wörter

l'autocar
der Reisebus

le billet
die Fahrkarte

l'horaire
der Fahrplan

le voyage
die Reise

la camionnette
der Lieferwagen

la station-service
die Tankstelle

le garage
die Garage

le conducteur
der Busfahrer

la circulation
der Verkehr

Combien de roues y a-t-il sur cette page?

l'hélicoptère de police
der Polizeihubschrauber

la voiture de police
das Polizeiauto

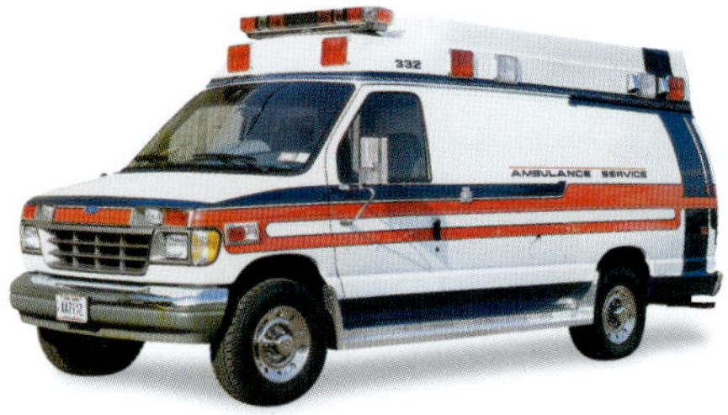

l'ambulance
der Krankenwagen

Im Jahr 1998 erreichte das schnellste Feuerwehrauto 655 Kilometer pro Stunde!

15 Les animaux de la jungle

Tiere im Dschungel

le papillon
der Schmetterling

le chimpanzé
der Schimpanse

l'oiseau-mouche
der Kolibri

la chauve-souris
die Fledermaus

la fourmi
die Ameise

l'araignée
die Spinne

le gorille
der Gorilla

le papillon de nuit
der Nachtfalter

le crocodile
das Krokodil

Quels animaux peuvent voler sur cette page?

La jungle la plus grande du monde est en Amérique du Sud.

le perroquet
der Papagei

le toucan
der Tukan

Noch mehr Wörter

la forêt tropicale
der Regenwald

l'arbre
der Baum

le jaguar
der Jaguar

l'insecte
das Insekt

le lézard
die Eidechse

le mammifère
das Säugetier

l'oiseau
der Vogel

le scarabée
der Käfer

le paon
der Pfau

le serpent
die Schlange

la grenouille
der Frosch

le tigre
der Tiger

le léopard
der Leopard

Der größte Urwald der Welt liegt in Südamerika.

16 Les animaux du monde *Tiere aus aller Welt*

Noch mehr Wörter

la baleine
der Wal

le babouin
der Pavian

la chauve-souris
die Fledermaus

l'aigle
der Adler

le loup
der Wolf

le pélican
der Pelikan

le renard
der Fuchs

la tortue
die Schildkröte

le singe
der Affe

le koala
der Koala

le chevreuil
das Reh

le lion
der Löwe

le panda
der Panda

La **girafe** a un long **cou**!

la girafe
die Giraffe

l'ours blanc
der Eisbär

le manchot
der Pinguin

Combien d'oiseaux y a-t-il sur cette page?

La girafe a le même nombre d'os que toi dans le cou!

le chameau
das Kamel

L'éléphant prend la **nourriture** avec sa **trompe**.

l'éléphant
der Elefant

le zèbre
das Zebra

l'ours
der Bär

le kangourou
das Känguru

le dauphin
der Delfin

le rhinocéros
das Nashorn

Ein Giraffenhals hat genauso viele Knochen wie dein Hals!

le champ
das Feld

le tracteur
der Traktor

le blé
der Weizen

les agneaux
die Lämmer

le chien de berger
der Hirtenhund

17

À la ferme

Auf dem Bauernhof

La **fermière** utilise le **tracteur**.

la fermière
die Bäuerin

La **vache** mange l'**herbe** dans le **champ**.

Anne donne du **lait** à l'**agneau**.

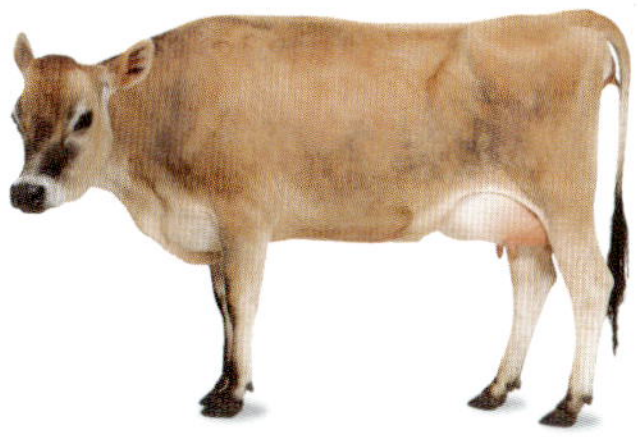

la vache
die Kuh

le foin
das Heu

le cheval
das Pferd

le poulet
das Huhn

les canetons
die Entenküken

18 L'océan

Das Meer

le bateau de pêche
das Fischerboot

la mouette
die Möwe

le bateau à voiles
das Segelboot

le marin
der Matrose

Noch mehr Wörter

l'ancre
der Anker

la bouée
die Boje

le canot
das Ruderboot

la pêche
die Fischerei

le port
der Hafen

la vague
die Welle

la mer
das Meer

le hippocampe
das Seepferdchen

la baleine
der Wal

la méduse
die Qualle

L'océan

Les océans couvrent presque les trois quarts de la surface de la Terre.

De quelle couleur est le sous-marin?

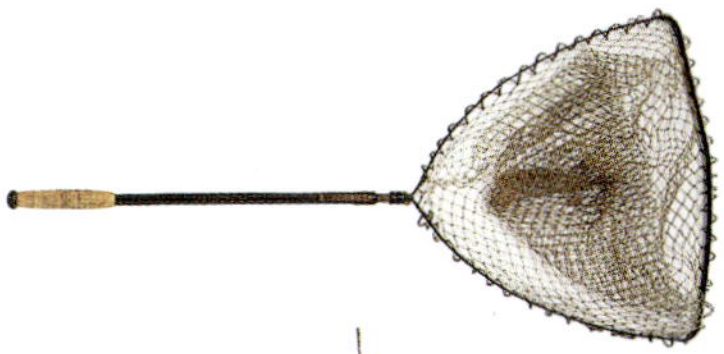

l'épuisette
das Netz

le navire
das Schiff

le bateau de sauvetage
das Rettungsboot

le phare
der Leuchtturm

la nageoire
die Flosse

le poisson
der Fisch

Un **requin** a beaucoup de **dents**.

le requin
der Hai

l'algue
die Alge

le sous-marin
das U-Boot

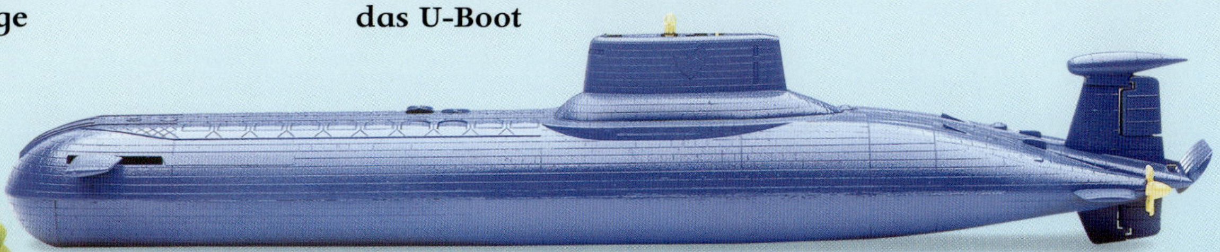

Die Weltmeere bedecken fast drei Viertel der Erdoberfläche.

19 La nature

Die Natur

Le **nénuphar** pousse dans l'**eau**.

la libellule
die Libelle

le nénuphar
die Seerose

D'habitude, les crapauds ont la peau rugueuse et les grenouilles ont la peau lisse!

le nid
das Nest

Les **têtards** nagent dans les **étangs**.

les têtards
die Kaulquappen

la guêpe
die Wespe

Combien de nénuphars y a-t-il dans l'étang? ?

la mouche
die Fliege

l'étang
der Teich

le hibou
die Eule

la grenouille
der Frosch

Noch mehr Wörter

l'eau
das Wasser

l'habitat
der Lebensraum

la mauvaise herbe
das Unkraut

le héron
der Reiher

l'insecte
das Insekt

le lapin
das Kaninchen

l'oiseau
der Vogel

le papillon
der Schmetterling

le hérisson
der Igel

Kröten haben gewöhnlich eine raue Haut, während Frösche eine glatte Haut haben.

le seau
der Eimer

la pelle
die Schaufel

le crabe
die Krabbe

le coquillage
die Muschel

les galets
die Kieselsteine

20 À la plage

Am Strand

les mouettes
die Möwen

Nous adorons **jouer** avec le **sable.**

Je porte des **lunettes** de natation.

le maillot de bain
die Badehose

l'étoile de mer
der Seestern

la glace
die Eiskreme

l'algue
die Alge

Nous **construisons** un **château** de **sable.**

les lunettes de natation
die Schwimmbrille

la chaise longue
der Liegestuhl

le chapeau
der Sonnenhut

le sable
der Sand

le château de sable
die Sandburg

21 À l'école

In der Schule

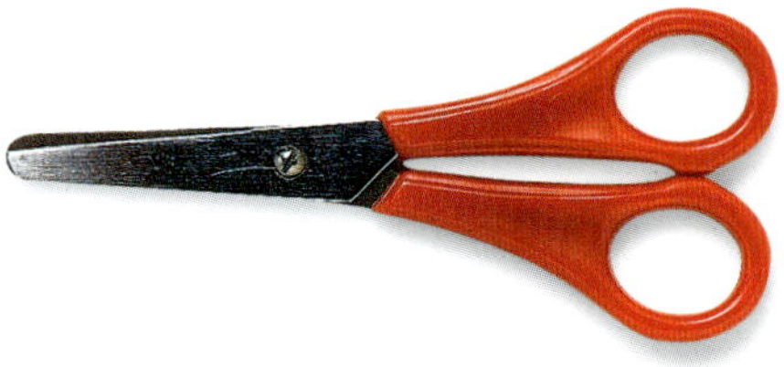

les ciseaux
die Schere

les crayons de couleur
die Buntstifte

le tableau noir
die Tafel

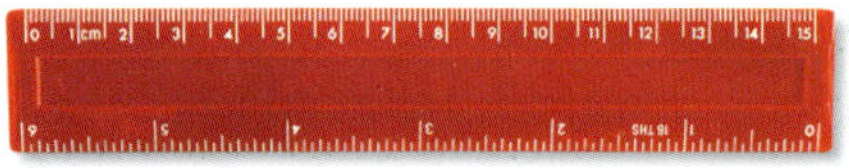

la règle
das Lineal

la gomme
der Radiergummi

le crayon à papier
der Bleistift

le stylo
der Füller

le carnet
das Notizbuch

le bureau
der Schreibtisch

Les enfants s'assoient à des **bureaux**.

Noch mehr Wörter

l'alphabet
das Alphabet

la chaise
der Stuhl

dessiner
zeichnen

écrire
schreiben

lire
lesen

le maître
der Lehrer

la salle de classe
das Klassenzimmer

les devoirs
die Hausaufgaben

les cours
die Unterrichtsstunde

Le crayon à papier le plus long du monde fait presque 20 mètres de long!

Vois-tu la **pomme** dans le **panier repas**?

le panier repas
die Brotdose

Combien de livres y a-t-il sur cette page?

les feutres
die Filzstifte

Trouve ton **pays** sur le **globe**.

le globe
der Globus

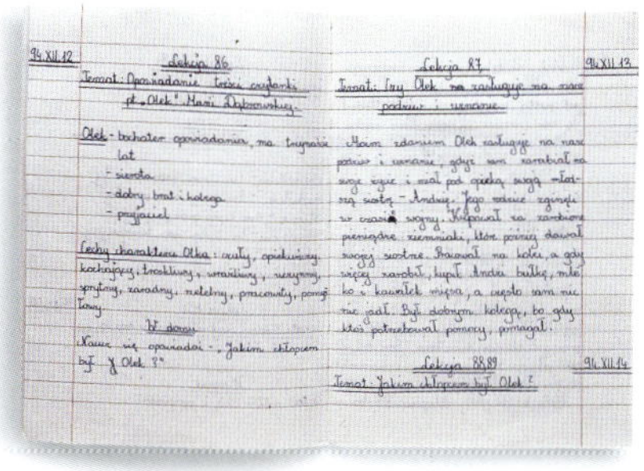

le cahier
das Heft

le cartable
die Schultasche

les livres
die Bücher

l'uniforme scolaire
die Schuluniform

l'ordinateur
der Computer

Der längste Bleistift der Welt ist fast 20 Meter lang!

22 Les sports

Sportarten

la raquette
der Tennisschläger

Je porte un casque.

faire du vélo
Fahrrad fahren

le ski
das Skifahren

le patinage sur glace
das Schlittschuhlaufen

la gymnastique
die Gymnastik

Nous jouons au basket-ball.

le basket-ball
Basketball

le golf
Golf

Delphine veut marquer un but.

le football
Fußball

Il y a environ 28 sports aux Jeux olympiques d'été.

Noch mehr Wörter

l'athlétisme
Leichtathletik

le base-ball
Baseball

le hockey
Hockey

le hockey sur glace
Eishockey

le judo
Judo

le karaté
Karate

la natation
das Schwimmen

l'exercice
die Übung

Aimes-tu faire du sport?

la voile
das Segel

le gilet de sauvetage
die Schwimmweste

faire de la voile
segeln

la plongée
das Tauchen

Je **tire** sur les **rames**.

la rame
das Ruder

faire de l'aviron
rudern

la balle
der Ball

le gant
der Handschuh

la batte
das Schlagholz

le rugby
Rugby

la course à pied
das Laufen

le cheval
das Pferd

l'équitation
das Reiten

le tennis
Tennis

Sportarten

Les animaux familiers

Haustiere

Mon **chien** s'appelle Toby.

le chiot
der Welpe

Une **tortue bouge** très **lentement**.

le hamster
der Hamster

la tortue
die Schildkröte

le lapin
das Kaninchen

le cochon d'Inde
das Meerschweinchen

le chat
die Katze

les poissons rouges
die Goldfische

De quelles couleurs sont les poils du cochon d'Inde?

Un chat dort environ 16 heures par jour.

le chaton
das Kätzchen

le chien
der Hund

Noch mehr Wörter

la cage
der Käfig

le canari
der Kanarienvogel

la griffe
die Kralle

la nageoire
die Flosse

la plume
die Feder

la patte
die Pfote

le panier
der Korb

le/la vétérinaire
der Tierarzt
die Tierärztin

Un **perroquet** a des **plumes** de toutes les **couleurs**.

le perroquet
der Papagei

la perruche
der Wellensittich

Paul brosse le **cheval**.

la souris
die Maus

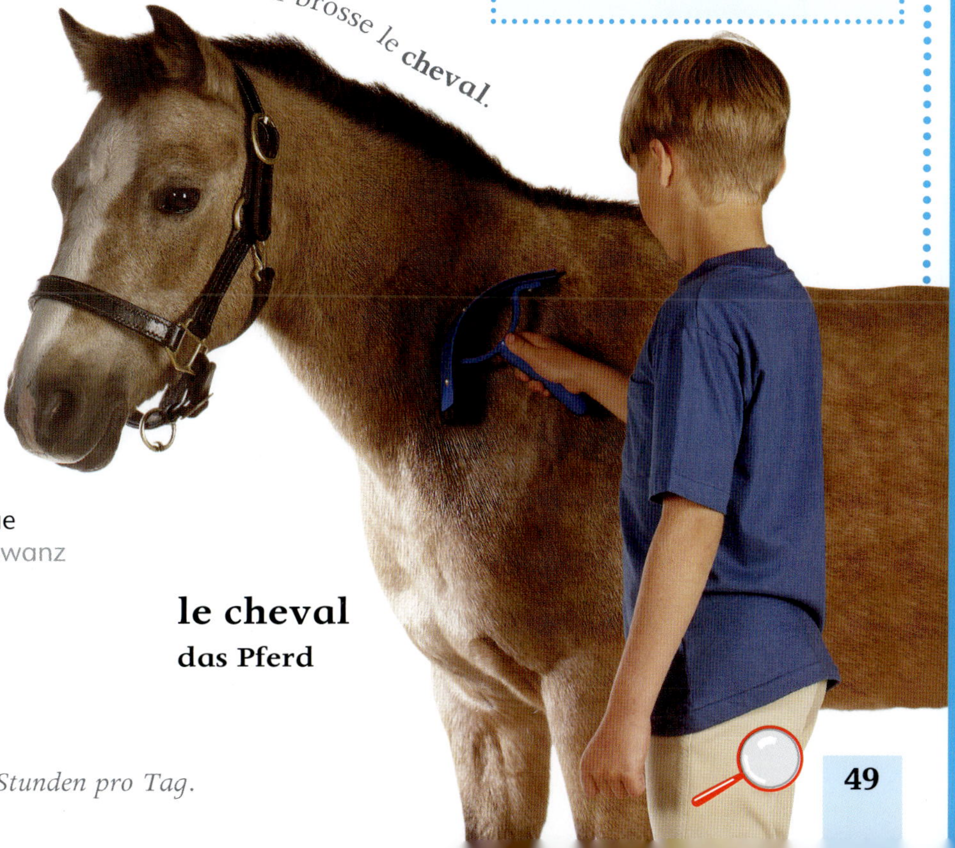

le cheval
das Pferd

Eine Katze schläft ungefähr 16 Stunden pro Tag.

24 Les couleurs et les formes

Farben und Formen

rouge
Rot

orange
Orange

jaune
Gelb

vert
Grün

bleu
Blau

violet
Lila

rose
Rosa

marron
Braun

noir
Schwarz

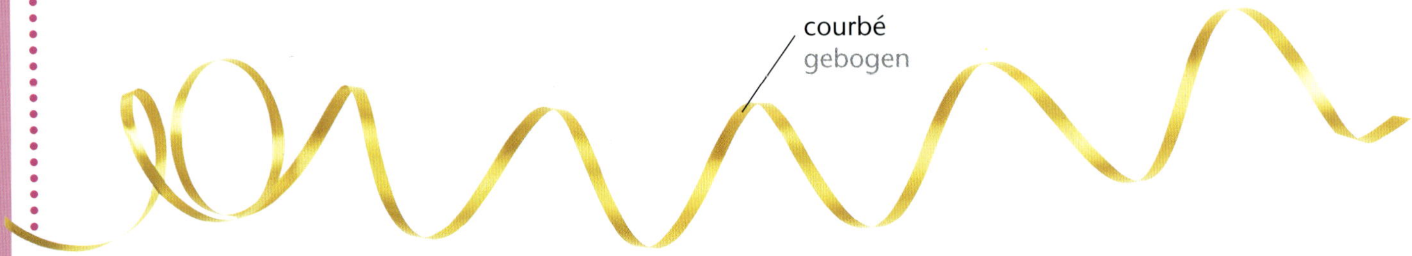

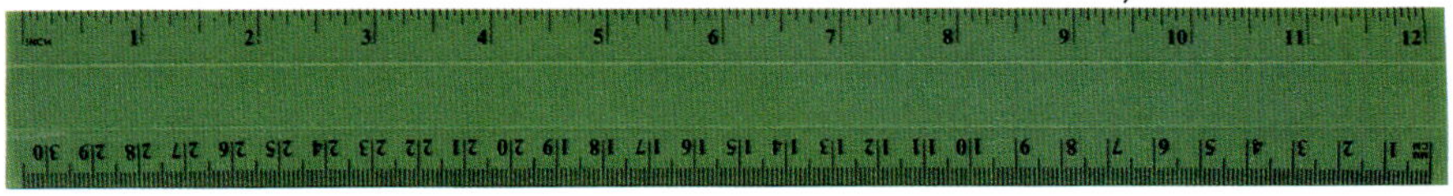

Quelle est ta couleur préférée?

Toutes les couleurs sont un mélange de rouge, de jaune et de bleu.

le carré
das Quadrat

le cercle
der Kreis

le triangle
das Dreieck

le losange
die Raute

l'étoile
der Stern

le rectangle
das Rechteck

le cube
der Würfel

la boule
die Kugel

Noch mehr Wörter

blanc
Weiß

gris
Grau

bleu foncé
Dunkelblau

coloré
bunt

le cœur
das Herz

le demi-cercle
der Halbkreis

ovale
oval

rond
rund

Alle Farben sind eine Mischung aus den Grundfarben Rot, Gelb und Blau.

Les contraires

Gegensätze

rugueux
rau

lisse
glatt

ouvert
offen

mouillé
nass

fermé
geschlossen

sec
trocken

sale
schmutzig

propre
sauber

Noch mehr Wörter

léger
leicht

lourd
schwer

nouveau
neu

plein
voll

vide
leer

rapide
schnell

lent
langsam

vieux
alt

jeune
jung

La plupart des citrouilles sont orange mais certaines sont blanches ou bleues!

Préfères-tu les boissons chaudes ou froides?

froid
kalt

chaud
heiß

Une **citrouille** devient **grosse** en **automne**.

gros
fett

Ce **légume** est très **fin**.

fin
dünn

doux
weich

dur
hart

Le tournesol a une **grande** tige.

grand
lang

Cette fleur a une **tige courte**.

court
kurz

petit
klein

grand
groß

Die meisten Kürbisse sind orange, aber es gibt auch weiße und blaue!

Le temps

Das Wetter

le bonhomme de neige
der Schneemann

la neige
der Schnee

le bonnet
die Mütze

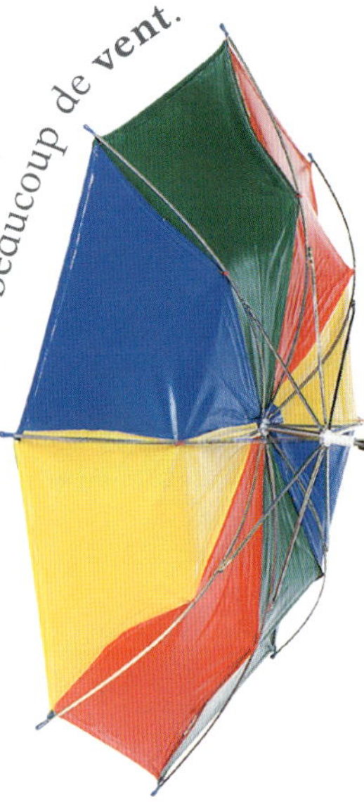

Il y a beaucoup de **vent**.

le parapluie
der Regenschirm

l'automne
der Herbst

l'hiver
der Winter

les flocons de neige
die Schneeflocken

J'ai fait un **bonhomme de neige**.

Je porte un **bonnet**, une **écharpe** et des **gants**.

le printemps
der Frühling

J'ai un **parapluie** jaune.

l'été
der Sommer

le soleil
die Sonne

Il fait **chaud** au **soleil**.

la pluie
der Regen

le nuage
die Wolke

l'arc-en-ciel
der Regenbogen

les lunettes de soleil
die Sonnenbrille

la casquette
die Kappe

A B C D E F G H I J K L M N O P Q R S T U V W X Y Z

Wörterliste Deutsch-Französisch

Dies ist eine alphabetische Liste deutscher Wörter mit ihrer französischen Übersetzung. Die Verben (Tunwörter) haben ein eigenes Kapitel. Die französischen Substantive (Namenwörter) können männlich oder weiblich sein. Steht *le* als Begleiter davor, ist das Substantiv männlich (m), bei *la* ist es weiblich (w).

A

der Apfel
la pomme

der Abend
le soir
[swaʀ]

das Abendessen
le dîner
[dine]

das Abenteuer
l'aventure (w)
[avɑ̃tyʀ]

aber
mais
[mɛ]

der Abfalleimer
la poubelle
[pubɛl]

der Abwasch
la vaisselle
[vɛsɛl]

der Adler
l'aigle (m)
[ɛgl]

die Adresse
l'adresse (w)
[adʀɛs]

der Affe
le singe
[sɛ̃ʒ]

die Alge
l'algue (w)
[alg]

alle
tous (m), toutes (w)
[tu(s)], [tut]

allein
seul(e)
[sœl]

alles
tout(e)
[tut]

das Alphabet
l'alphabet (m)
[alfabɛ]

alt
vieux (m), vieille (w)
[vjø], [vjɛj]

die Ameise
la fourmi
[fuʀmi]

die Ampel
les feux de signalisation (m)
[fø də siɲalizasjɔ̃]

an
à
[a]

die Ananas
l'ananas (m)
[anana(s)]

andere, -r, -s
autre
[otʀ]

anders, verschieden
différent(e)
[difeʀɑ̃], [difeʀɑ̃t]

der Anker
l'ancre (w)
[ɑ̃kʀ]

die Ankunft
l'arrivée (w)
[aʀive]

die Ampel
les feux de signalisation

die Antwort
la réponse
[ʀepɔ̃s]

der Anzug
le costume
[kɔstym]

der Apfel
la pomme
[pɔm]

die Apotheke
la pharmacie
[faʀmasi]

die Arbeit
l'emploi (m)
[ɑ̃plwa]

der Ärger
l'ennui (m)
[ɑ̃nɥi]

ärgerlich
ennuyeux, ennuyeuse
[ɑ̃nɥijø], [ɑ̃nɥijøz]

arm
pauvre
[povʀ]

der Arm
le bras
[bʀa]

das Armband
le bracelet
[bʀaslɛ]

die Armbanduhr
la montre
[mɔ̃tʀ]

der Ärmel
la manche
[mãʃ]

die Arznei
le médicament
[medikamã]

der Arzt, die Ärztin
le médecin
[medsɛ̃]

die Arztpraxis
le cabinet médical
[kabinɛ medikal]

der Ast
la branche
[bʀãʃ]

der Astronaut, die Astronautin
l'astronaute (m/w)
[astʀonot]

der Atlas
l'atlas (m)
[atlɑs]

au!
aïe!
[aj]

auch
aussi
[osi]

auf
sur
[syʀ]

aufgeregt
excité(e)
[ɛksite]

der Aufkleber
l'autocollant (m)
[otokɔlã]

der Aufzug
l'ascenseur (m)
[asãsœʀ]

das Auge
l'œil (m)
[œj]

die Augenbraue
le sourcil
[suʀsi]

der Ausgang
la sortie
[sɔʀti]

die Ausrüstung
le matériel
[mateʀjɛl]

das Aussehen
l'apparence (w)
[apaʀãs]

außerhalb von
hors de
['ɔʀ də]

äußerst
extrêmement
[ɛkstʀɛmmã]

der Ausweg
l'issue (w)
[isy]

das Auto
la voiture
[watyʀ]

die Autobahn
l'autoroute (w)
[otoʀut]

die Avocado
l'avocat (m)
[avɔka]

A B C D E F G H I J K L M N O P Q R S T U V W X Y Z

A **B** C D E F G H I J K L M N O P Q R S T U V W X Y Z

B

der Baum
l'arbre

das Baby
le bébé
[bebe]

die Bäckerei
la boulangerie
[bulãʒʀi]

der Badeanzug
le maillot de bain
[majo də bɛ̃]

die Badehose
le maillot de bain
[majo də bɛ̃]

der Bär
l'ours

die Badewanne
la baignoire
[beɲwaʀ]

das Badezimmer
la salle de bains
[sal də bɛ̃]

der Bahnhof
la gare
[gaʀ]

der Bahnsteig
le quai
[ke]

bald
bientôt
[bjɛ̃to]

der Balken
la poutre
[putʀ]

der Balkon
le balcon
[balkõ]

der Ball
le ballon, la balle
[balõ], [bal]

der Balletttänzer
le danseur classique
[dãsœʀ klasik]

die Ballett-tänzerin
la danseuse classique
[dãsøz klasik]

die Banane
la banane
[banan]

die Bank
le banc
[bã]

die Bank (Geld)
la banque
[bãk]

der Bär
l'ours (m)
[uʀs]

der Bart
la barbe
[baʀb]

Baseball
le base-ball
[bezbol]

Basketball
le basket-ball
[baskɛtbol]

der Bauch
l'estomac (m)
[ɛstɔma]

der Bauer
le fermier
[fɛʀmje]

die Bäuerin
la fermière
[fɛʀmjɛʀ]

der Bauernhof
la ferme
[fɛʀm]

der Bauklotz
le cube
[kyb]

der Baum
l'arbre (m)
[aʀbʀ]

der Becher
la tasse
[tɑs]

begeistert
enthousiaste
[ãtuzjast]

die Birne
la poire

behindert
handicapé(e)
['ãdikape]

bei
chez, à
[ʃe], [a]

das Bein
la jambe
[ʒã]

das belegte Brot
le sandwich
[sãdwitʃ]

beliebt
populaire
[pɔpylɛʀ]

das Benzin
l'essence (w)
[esãs]

bequem
confortable
[cõfɔʀtabl]

bereit
prêt(e)
[pʀɛ], [pʀɛt]

der Berg
la montagne
[mõtaɲ]

berühmt
célèbre
[selɛbʀ]

beschäftigt
occupé(e)
[ɔkype]

die Beschäftigung
l'activité (m)
[aktivite]

der Besen
le balai
[balɛ]

besondere, -r, -s
particulier (m), particulière (w)
[paʀtikylje], [paʀtikyljɛʀ]

besser
meilleur(e)
[mɛjœʀ]

beste, -r, -s
mieux
[mjø]

das Bett
le lit
[li]

die Bettdecke
la couette
[kwɛt]

bevorzugt
préféré(e)
[pʀefeʀe]

die Biene
l'abeille (w)
[abɛj]

das Bild
l'image (w)
[imaʒ]

der Bildschirm
l'écran (m)
[ekʀɑ̃]

billig
bon marché
[bɔ̃ maʀʃe]

die Birne
la poire
[pwaʀ]

bis
jusqu' à
[ʒyska]

bitte
s'il te plaît, s'il vous plaît
[ziltəplɛ], [zilvuplɛ]

die Blase
la bulle
[byl]

das Blatt
la feuille
[fœj]

blau
bleu(e)
[blø]

der Bleistift
le crayon à papier
[kʀɛjɔ̃ a papje]

der Blitz
l'éclair (m)
[eklɛʀ]

blond
blond(e)
[blɔ̃], [blɔ̃d]

die Blume
la fleur
[flœʀ]

die Blumenzwiebel
le bulbe
[bylb]

die Bluse
le chemisier
[ʃ(ə)mizje]

das Blut
le sang
[sɑ̃]

die Bohne
le haricot
['aʀiko]

die Boje
la bouée
[bwe]

die Bonbons
les bonbons (m)
[bɔ̃bɔ̃]

das Boot
le bateau
[bato]

braun
marron
[maʀɔ̃]

das Brettspiel
le jeu de plateau
[ʒø də plato]

der Brief
la lettre
[lɛtʀ]

der Briefkasten
la boîte aux lettres
[bwat o lɛtʀ]

die Briefmarke
le timbre
[tɛ̃bʀ]

der Briefumschlag
l'enveloppe (w)
[ɑ̃vlɔp]

die Brille
les lunettes (w)
[lynɛt]

das Brot
le pain
[pɛ̃]

das Brötchen
le petit pain
[p(ə)ti pɛ̃]

die Brotdose
le panier-repas
[panje ʀəpa]

die Brücke
le pont
[pɔ̃]

der Bruder
le frère
[fʀɛʀ]

das Buch
le livre
[livʀ]

die Bücherei
la bibliothèque
[biblijɔtɛk]

der Buchladen
la librairie
[libʀeʀi]

bunt
coloré(e)
[kɔlɔʀe]

der Buntstift
le crayon de couleur
[kʀɛjɔ̃ də kulœʀ]

die Burg
le château
[ʃato]

der Bürgersteig
le trottoir
[tʀɔtwaʀ]

das Büro
le bureau
[byʀo]

die Bürste
la brosse
[bʀɔs]

der Bus
l'autobus (m)
[otobys]

der Busch
le buisson
[bɥisõ]

der/die Busfahrer(in)
le conducteur/la conductrice
[kõdyktœʀ], [kõdyktʀis]

die Bushaltestelle
l'arrêt de bus (m)
[aʀɛ də bys]

die Butter
le beurre
[bœʀ]

C

das Café
le café
[kafe]

die CD
le CD
[sede]

der CD-Spieler
le lecteur de CD
[lɛktœʀ də sede]

die Chips
les chips (m)
[ʃips]

der Clown
le clown
[klun]

der Comic
le comique
[kɔmik]

der Computer
l'ordinateur (m)
[ɔʀdinatœʀ]

das Computerspiel
le jeu électronique
[ʒø elɛktʀɔnik]

der Cousin/die Cousine
le cousin/la cousine
[kuzɛ̃], [kuzin]

der Cowboy
le cow-boy
[kobɔj], [kaobɔj]

D

das Dach
le toit
[twa]

der Dachboden
le grenier
[gʀənje]

der Dampf
la buée
[bɥe]

dann, also
alors
[alɔʀ]

das
ça
[sa]

das Datum
la date
[dat]

der Daumen
le pouce
[pus]

die Decke
la couverture
[kuvɛʀtyʀ]

der Deckel
le couvercle
[kuvɛʀkl]

dein(e)
ton, ta
[tõ], [ta]

die Dekoration
la décoration
[dekɔʀasjõ]

der Delfin
le dauphin
[dofɛ̃]

der, die
le, la
[lə], [la]

dick
épais(se)
[epɛ], [epɛs]

diese, dieser
celle, ce
[sɛl], [sə]

digital
digital(e)
[diʒital]

das Ding
la chose
[ʃoz]

der Drachen
le cerf-volant

der Dinosaurier
le dinosaure
[dinɔzɔʀ]

die Disko
la discothèque
[diskɔtɛk]

das Dorf
le village
[vilaʒ]

dort
là
[la]

dort drüben
là-bas
[labɑ]

die Dose
le bidon
[bidõ]

der Drache
le dragon
[dʀagõ]

der Drachen
le cerf-volant
[sɛʀvɔlã]

draußen
dehors
[dəɔʀ]

dreckig
sale
[sal]

das Dreieck
le triangle
[tʀijãgl]

drinnen
dedans
[d(ə)dã]

der Dschungel
la jungle
[ʒœ̃gl], [ʒõgl]

du
tu
[ty]

dumm
stupide
[stypid]

dunkel
sombre
[sõbʀ]

dunkelblau
bleu(e) foncé
[blɵ fõse]

dünn
fin(e)
[fɛ̃], [fin]

durch
à travers
[a travɛʀ]

durstig
assoiffé(e)
[aswafe]

die Dusche
la douche
[duʃ]

das Duschgel
le gel douche
[ʒɛl duʃ]

die DVD
le DVD
[devede]

der DVD-Spieler
le lecteur de DVD
[lɛktœʀ də devede]

E

das Ei
l'œuf

echte, -r -s
réel(le)
[reɛl]

die Ecke
le coin
[kwɛ̃]

der Edelstein
le bijou
[biʒu]

die Ehefrau
l'épouse (w)
[epuz]

der Ehemann
le mari
[maʀi]

das Ei
l'œuf (m)
[œf]

das Eichhörnchen
l'écureuil (m)
[ekyʀœj]

die Eidechse
le lézard
[lezaʀ]

eigene, -r, -s
propre
[pʀɔpʀ]

der Eimer
le seau
[so]

ein, eine
un, une
[œ̃], [yn]

einfach
facile
[fasil]

der Eingang
l'entrée (w)
[ãtʀe]

einige
quelques
[kɛlk]

der Einkauf
les courses
[kuʀs]

die Einkaufsliste
la liste de courses
[list də kuʀs]

die Einkaufs-tasche
le sac
[sak]

die Eidechse
le lézard

die Eiskreme
la glace

der Einkaufswagen
le caddie
[kadi]

die Einladung
l'invitation (w)
[ɛ̃vitasjõ]

die Eintrittskarte
le billet
[bijɛ]

das Eis
la glace
[glas]

der Eisbär
l'ours blanc (m)
[uʀsblɑ̃]

Eishockey
le hockey sur glace
['ɔkɛ syʀ glas]

die Eiskreme
la glace
[glas]

der Eiswürfel
le glaçon
[glasõ]

der Elefant
l'éléphant (m)
[elefɑ̃]

elektrisch
électrique
[elɛktʀik]

der Ellbogen
le coude
[kud]

die Eltern
les parents (m)
[paʀɑ̃]

die E-Mail
l'e-mail (m)
[imɛl]

die E-Mail-Adresse
l'adresse électronique (w)
[adʀɛs elɛktʀɔnik]

das Ende
la fin
[fɛ̃]

eng
étroit(e)
[etʀwa], [etʀwat]

England
l`Angleterre (w)
[ɑ̃glətɛʀ]

Englisch
l'anglais (m)
[ɑ̃glɛ]

die Ente
le canard
[kanaʀ]

das Entenküken
le caneton
[kantõ]

er
il
[il]

die Erbse
le petit pois
[p(ə)ti pwa]

die Erdbeere
la fraise
[fʀɛz]

die Erde
la terre
[tɛʀ]

Erdkunde
la géographie
[ʒeɔgʀafi]

die Erdnuss
le cacahuète
[kakawɛt]

die Erkältung
le rhume
[ʀym]

erstaunlich
incroyable
[ɛ̃kʀwajabl]

erste, erster
première, premier
[pʀəmjɛʀ], [pʀəmje]

die erste Hilfe
les premiers secours
[pʀəmje s(ə)kuʀ]

der/die Erwachsene
l'adulte (m/w)
[adylt]

es
il
[il]

es gibt
il ya
[ilja]

das Essen
la nourriture
[nuʀityʀ]

die Eule
le hibou

das Esszimmer
la salle à manger
[sal a mɑ̃ʒe]

etwas
quelque chose
[kɛlkəʃoz]

die Eule
le hibou
['ibu]

euer, eure
votre
[vɔtʀ]

die Explosion
l'explosion (w)
[ɛksplozjõ]

die Erdbeere
la fraise

F

das Faschingskostüm
le déguisement

die Fabrik
l'usine (w)
[yzin]

die Fahne
le drapeau
[dʀapo]

die Fähre
le ferry-boat
[fɛʀibot]

der Fahrer
le conducteur
[kɔ̃dyktœʀ]

die Fahrerin
la conductrice
[kɔ̃dyktʀis]

der Fahrgast
le passager
[pasaʒe]

die Fahrkarte
le billet
[bijɛ]

der Fahrplan
l'horaire (m)
[ɔʀɛʀ]

das Fahrrad
le vélo
[velo]

falsch
faux (m), fausse (w)
[fo], [fos]

die Familie
la famille
[famij]

fantastisch, großartig
formidable
[fɔʀmidabl]

die Farbe
la couleur
[kulœʀ]

der Farbtopf
le pot de peinture
[po də pɛ̃tyʀ]

das Faschings-kostüm
le déguisement
[degizmɑ̃]

fast
presque
[pʀɛsk]

faul
paresseux (m), paresseuse (w)
[paʀesø], [paʀesøz]

der Fausthand-schuh
la mitaine
[mitɛn]

die Feder
la plume
[plym]

Federball
le badminton
[badmintɔn]

das Feder-mäppchen
la trousse
[tʀus]

die Fee
la fée
[fe]

der Fehler
l'erreur (w)
[ɛʀœʀ]

das Feld
le champ
[ʃɑ̃]

das Fell
le poil
[pwal]

der Fels
le rocher
[ʀɔʃe]

das Fenster
la fenêtre
[f(ə)nɛtʀ]

die Ferien
les vacances (w)
[vakɑ̃s]

die Fernbedienung
la télécommande
[telekɔmɑ̃d]

A B C D E F G H I J K L M N O P Q R S T U V W X Y Z

das Fernglas
les jumelles (w)
[ʒymɛl]

das Fernrohr
le télescope
[teleskɔp]

der Fernseher
la télévision
[televizjɔ̃]

fertig
prêt(e)
[pʀɛ], [pʀɛt]

fest
serré(e)
[seʀe]

das Fest
la fête
[fɛt]

die Festplatte
le disque dur
[disk dyʀ]

der Festumzug
le défilé
[defile]

fett
gros(se)
[gʀo], [gʀos]

das Feuer
le feu
[fø]

das Feuerwehrauto
le camion de pompier
[kamjɔ̃ də pɔ̃pje]

der Feuerwehr-mann
le pompier
[pɔ̃pje]

der Film
le film
[film]

der Filmstar
la vedette de cinéma
[vadɛt də sinema]

der Filzstift
le feutre
[fətʀ]

der Finger
le doigt
[dwa]

der Fisch
le poisson
[pwasɔ̃]

das Fischerboot
le bateau de pêche
[bato də pɛʃ]

die Fischerei
la pêche
[pɛʃ]

fit
en forme
[ã fɔʀm]

flach
plat(e)
[pla], [plat]

die Flasche
la bouteille
[butɛj]

der Fleck
la tache
[taʃ]

die Fledermaus
la chauve-souris
[ʃovsuʀi]

die Fleecejacke
la polaire
[pɔlɛʀ]

das Fleisch
la viande
[vjãd]

die Fliege
la mouche
[muʃ]

die Flosse
la nageoire
[naʒwaʀ]

die Flöte
la flûte
[flyt]

der Flügel
l'aile (w)
[ɛl]

die Fledermaus
la chauve-souris

der Flughafen
l'aéroport (m)
[aeʀopɔʀ]

das Flugzeug
l'avion (m)
[avjɔ̃]

der Flur
le couloir
[kulwaʀ]

der Fluss
la rivière
[ʀivjɛʀ]

das Flussufer
la rive
[ʀiv]

die Flut
l'inondation (w)
[inɔ̃dasjɔ̃]

die Form
la forme
[fɔʀm]

das Fernglas
les jumelles

das Flugzeug
l'avion

das Foto
la photo
[fɔto]

der Fotoapparat
l'appareil photo (m)
[apaʀɛj fɔtɔ]

die Frage
la question
[kɛstjɔ̃]

Frankreich
la France
[fʀɑ̃s]

Französisch
le français
[fʀɑ̃sɛ]

die Frau
la femme
[fam]

frech
vilain(e)
[vilɛ̃], [vilɛ̃n]

die Freiheit
la liberté
[libɛʀte]

die Freizeit
le temps libre
[tɑ̃ libʀ]

der Freund
l'ami (m)
[ami]

die Freundin
l'amie (w)
[ami]

freundlich
gentil(le)
[ʒɑ̃ti], [ʒɑ̃tij]

der Frieden
la paix
[pɛ]

friedlich
tranquille
[tʀɑ̃kil]

frisch
frais (m), fraîche (w)
[fʀɛ], [fʀɛʃ]

der Frisör
le coiffeur
[kwafœʀ]

die Frisörin
la coiffeuse
[kwaføz]

der Frosch
la grenouille
[gʀənuj]

früh
tôt
[to]

der Frühling
le printemps
[pʀɛ̃tɑ̃]

das Frühstück
le petit-déjeuner
[p(ə)tideʒœne]

der Fuchs
le renard
[ʀ(ə)naʀ]

der Füller
le stylo
[stilo]

für
pour
[puʀ]

der Fuß
le pied
[pje]

der Fußball
le ballon de football
[balɔ̃ də futbol]

Fußball (Spiel)
le football
[fut(bol)]

der Fußboden
le sol
[sɔl]

das Futter
la nourriture
[nuʀityʀ]

der Frosch
la grenouille

der Fußball
le ballon de football

G

das Gänseblümchen
la pâquerette

die Gabel
la fourchette
[furʃɛt]

das Gänse-blümchen
la pâquerette
[pakʀɛ]

die Garage
le garage
[gaʀaʒ]

der Garten
le jardin
[ʒaʀdɛ̃]

die Gartenarbeit
le jardinage
[ʒaʀdinaʒ]

der Gärtner
le jardinier
[ʒaʀdinje]

die Gärtnerin
la jardinière
[ʒaʀdinjɛʀ]

das Gas
le gaz
[gaz]

das Gebäude
le bâtiment
[batimɑ̃]

das Gebiet
la région
[ʀeʒjõ]

gebogen
courbé
[kuʀbe]

der Geburtstag
l'anniversaire (m)
[anivɛʀsɛʀ]

die Geburtstags-karte
la carte d'anni-versaire
[kaʀt d anivɛʀsɛʀ]

der Geburtstags-kuchen
le gâteau d'anni-versaire
[gato d anivɛʀsɛʀ]

geduldig
patient(e)
[pasjɑ̃], [pasjɑ̃t]

die Gefahr
le danger
[dɑ̃ʒe]

gefährlich
dangereux (m), dangereuse (w)
[dɑ̃ʒʀø], [dɑ̃ʒʀøz]

der Gefrier-schrank
le congélateur
[kõʒelatœʀ]

der Gegensatz
le contraire
[kõtʀɛʀ]

die Geige
le violon

die Geldbörse
le porte-monnaie

gegenüber
en face de
[ɑ̃ fas də]

das Gehirn
le cerveau
[sɛʀvo]

die Geige
le violon
[vjɔlõ]

gelb
jaune
[ʒon]

das Geld
l'argent (m)
[aʀʒɑ̃]

die Geldbörse
le porte-monnaie
[pɔʀt(ə)mɔnɛ]

das Gemüse
le légume
[legym]

genug
assez
[ase]

das Gepäck
les bagages (m)
[bagaʒ]

der Gepard
le guépard
[gepaʀ]

gerade
droit(e)
[dʀwa], [dʀwat]

gerade eben
juste
[ʒyst]

geradewegs
directement
[diʀɛktəmɑ̃]

der Geruch
l'odeur (w)
[ɔdœʀ]

der Gesang
le chant
[ʃɑ̃]

das Geschäft, die Angelegenheit
les affaires (w)
[afɛʀ]

das Geschäft, der Laden
le magasin
[magazɛ̃]

das Geschenk
le cadeau
[kado]

Geschichte
l'histoire (w)
[istwaʀ]

geschichtlich
historique
[istɔʀik]

geschieden
divorcé(e)
[divɔʀse]

das Geschirrtuch
le torchon
[tɔʀʃõ]

geschlossen
fermé(e)
[fɛʀme]

das Gesetz
la loi
[lwa]

das Gesicht
le visage
[vizaʒ]

das Gespenst
le fantôme
[fɑ̃tom]

die Gießkanne
l'arrosoir

gestern
hier
[jɛʀ]

gesund
en bonne santé
[ã bɔn sãte]

das Getränk
la boisson
[bwasõ]

das Getreide
la céréale
[seʀeal]

das Gewächshaus
la serre
[sɛʀ]

das Gewicht
le poids
[pwa]

das Gewitter
l'orage (m)
[ɔʀaʒ]

gewöhnlich
d'habitude
[dabityd]

die Gießkanne
l'arrosoir (m)
[aʀozwaʀ]

die Giraffe
la girafe
[ʒiʀaf]

die Gitarre
la guitare
[gitaʀ]

glänzend
brillant(e)
[bʀijã], [bʀijãt]

das Glas
le verre
[vɛʀ]

glatt
lisse
[lis]

das Gleiche
même
[mɛm]

der Gletscher
le glacier
[glasje]

der Globus
le globe
[glɔb]

die Glocke
la cloche
[klɔʃ]

die Gitarre
la guitare

glücklich
heureux (m),
heureuse (w)
[øʀø], [øʀøz]

das Gold
l'or (m)
[ɔʀ]

der Goldfisch
le poisson rouge
[pwasõ ʀuʒ]

Golf
le golf
[gɔlf]

der Gorilla
le gorille
[gɔʀij]

das Gras
l'herbe (w)
[ɛʀb]

grau
gris(e)
[gʀi], [gʀiz]

groß, lang
grand(e)
[gʀã], [gʀãd]

groß, schwer
gros(se)
[gʀo], [gʀos]

großartig
formidable
[fɔʀmidabl]

Großbritannien
la Grande-Bretagne
[gʀãdbʀətaɲ]

der Globus
le globe

die Größe
la taille
[taj]

die Großeltern
les grands-parents
[gʀãpaʀã]

die Großmutter
la grand-mère
[gʀãmɛʀ]

der Großvater
le grand-père
[gʀãpɛʀ]

größte, -r, -s
plus grand(e)
[ply gʀã], [ply gʀãd]

grün
vert(e)
[vɛʀ], [vɛʀt]

die Gruppe
le groupe
[gʀup]

der Gürtel
la ceinture
[sɛ̃tyʀ]

gut
bon(ne)
[bõ], [bɔn]

gut (bei Verben)
bien
[bjɛ̃]

die Gymnastik
la gymnastique
[ʒimnastik]

H

die Halskette
le collier

die Haare
les cheveux (m)
[ʃ(ə)vø]

die Haarbürste
la brosse à cheveux
[bʀɔs a ʃ(ə)vø]

der Hafen
le port
[pɔʀ]

der Hai
le requin
[ʀəkɛ̃]

der Halbkreis
le demi-cercle
[d(ə)mi sɛʀkl]

die Hälfte
la moitié
[mwatje]

der Hals
le cou
[ku]

das Halsband
le collier
[kɔlje]

die Halskette
le collier
[kɔlje]

die Hals-schmerzen
le mal de gorge
[mal də gɔʀʒ]

der Hammer
le marteau
[maʀto]

der Hamster
le hamster
['amstɛʀ]

die Hand
la main
[mɛ̃]

der Handschuh
le gant
[gɑ̃]

die Handtasche
le sac à main
[sak a mɛ̃]

das Handtuch
la serviette
[sɛʀvjɛt]

das Handy
le téléphone portable
[telefɔn pɔʀtabl]

der Hamster
le hamster

hart
dur(e)
[dyʀ]

der Hase
le lièvre
[ljɛvʀ]

hässlich
laid(e)
[lɛ], [lɛd]

hauptsächlich
surtout
[syʀtu]

die Hauptstadt
la capitale
[kapital]

das Haus
la maison
[mɛzõ]

die Hausaufgaben
les devoirs (m)
[d(ə)vwaʀ]

der Hausschuh
le chausson
[ʃɔsõ]

das Haustier
l'animal familier (m)
[animal famij]

die Haustür
la porte d'entrée
[pɔʀt d ɑ̃tʀe]

die Haut
la peau
[po]

das Heft
le cahier
[kaje]

Heiligabend
le soir de Noël
[swaʀ]

heiß
chaud(e)
[ʃo], [ʃod]

die Handtasche
le sac à main

die heiße Schokolade
le chocolat chaud
[ʃɔkɔla ʃo]

der Heißluft-ballon
la montgolfière
[mõgɔlfjɛʀ]

der Held
le héros
['eʀo]

hell
brillant(e)
[bʀijɑ̃], [bʀijɑ̃t]

hellblau
bleu(e) clair
[blø klɛʀ]

der Helm
le casque
[kask]

das Hemd
la chemise
[ʃ(ə)miz]

der Herbst
l'automne (m)
[otɔn]

der Herd
la cuisinière
[kɥizinjɛʀ]

die Herde
le troupeau
[tʀupo]

hervorragend
excellent(e)
[ɛkselɑ̃], [ɛkselɑ̃t]

das Herz
le cœur
[kœʀ]

das Heu
le foin
[fwɛ̃]

die Heuschrecke
la sauterelle
[sotʀɛl]

heute
aujourd'hui
[oʒuʀdɥi]

heute Abend
ce soir
[sə swaʀ]

die Hexe
la sorcière
[sɔʀsjɛʀ]

die Hilfe
l'aide (w)
[ɛd]

die Himbeere
la framboise
[fʀɑ̃bwaz]

der Himmel
le ciel
[sjɛl]

der Honig
le miel

hinauf
vers le haut
[vɛʀ lə 'o]

hinter
derrière
[dɛʀjɛʀ]

der Hintern
les fesses (w)
[fɛs]

hinunter
vers le bas
[vɛʀ lə ba]

der Hirtenhund
le chien de berger
[ʃjɛ̃ də bɛʀʒe]

die Hitze
la chaleur
[ʃalœʀ]

das Hobby
le loisir
[lwaziʀ]

hoch
haut(e)
['o], ['ot]

die Hochzeit
le mariage
[maʀjaʒ]

Hockey
le hockey
['ɔke]

die Höhle
la grotte
[gʀɔt]

das Holz
le bois
[bwa]

hölzern
en bois
[ɑ̃ bwa]

der Honig
le miel
[mjɛl]

die Hose
le pantalon
[pɑ̃talɔ̃]

der Hut
le chapeau

die Hosentasche
la poche
[pɔʃ]

das Hotdog
le hotdog
['ɔtdɔg]

das Hotel
l' hôtel (m)
[ɔtel], [otɛl]

hübsch
joli(e)
[ʒɔli]

der Hubschrauber
l'hélicoptère (m)
[elikɔptɛʀ]

die Hüfte
la hanche
['ɑ̃ʃ]

der Hügel
la colline
[kɔlin]

das Huhn
le poulet
[pulɛ]

der Hund
le chien
[ʃjɛ̃]

das Hundefutter
la nourriture pour chiens
[nuʀityʀ puʀ ʃjɛ̃]

hungrig
affamé(e)
[afame]

der Husten
la toux
[tu]

der Hut
le chapeau
[ʃapo]

die Hütte
la cabane
[kaban]

A B C D E F G H I J K L M N O P Q R S T U V W X Y Z

I

ich
je
[ʒə], [ʒ]

der Igel
le hérisson
['eʀisõ]

ihr
vous
[vu]

ihr(e)
son, leur
[sõ], [lœʀ]

immer
toujours
[tuʒuʀ]

in
dans, en, au
[dɑ̃], [ɑ̃], [o]

innen
à l'intérieur
[a l ɛ̃teʀjœʀ]

das Insekt
l'insecte (m)
[ɛ̃sɛkt]

die Insel
l'île (w)
[il]

das Instrument
l'instrument (m)
[ɛ̃stʀymɑ̃]

interessant
intéressant(e)
[ɛ̃teʀesɑ̃], [ɛ̃teʀesɑ̃t]

irgendetwas
quelque chose
[kɛlkəʃoz]

irgendjemand
quelqu' un
[kɛlkœ̃]

J

die Jeans
le jean

die Jacke
le blouson
[bluzõ]

der Jaguar
le jaguar
[ʒagwaʀ]

das Jahr
l'an (m),
l'année (w)
[an], [ane]

die Jahreszeit
la saison
[sɛzõ]

der Jahrmarkt
la foire
[fwaʀ]

die Jeans
le jean
[dʒin]

jede, -r, -s
chaque
[ʃak]

jedermann
tout le monde
[tu lə mõd]

jemand
quelqu'un
[kɛlkœ̃]

jene, -r, -s
celui-là
[səlɥila]

jetzt
maintenant
[mɛ̃t(ə)nɑ̃]

der Jogurt
le yaourt
[jauʀt]

Judo
le judo
[ʒydo]

jung
jeune
[ʒœn]

der Junge
le garçon
[gaʀsõ]

der Junge
le garçon

K

das Känguru
le kangourou

der Käfer
le scarabée
[skaʀabe]

der Kaffee
le café
[kafe]

der Käfig
la cage
[kaʒ]

das Kalb
le veau
[vo]

kalt
froid(e)
[fʀwa], [fʀwad]

das Kamel
le chameau
[ʃamo]

der Kamin
la cheminée
[ʃ(ə)mine]

der Kamm
le peigne
[pɛɲ]

der Kanarienvogel
le canari
[kanaʀi]

das Känguru
le kangourou
[kɑ̃guʀu]

das Kaninchen
le lapin
[lapɛ̃]

das Kanu
le canoë
[kanɔe]

die Kappe
la casquette
[kaskɛt]

kaputt
cassé(e)
[kase]

die Kapuze
la capuche
[kapyʃ]

Karate
le karaté
[kaʀate]

die Karotte
la carotte
[kaʀɔt]

die Karte
la carte
[kaʀt]

die Kartoffel
la pomme de terre
[pɔm də tɛʀ]

das Karussell
le tourniquet
[tuʀnike]

der Käse
le fromage
[fʀɔmaʒ]

die Kasse
la caisse
[kɛs]

der Kassenzettel
le ticket de caisse
[tikɛt də kɛs]

die Kassette
la cassette
[kasɛt]

das Kätzchen
le chaton
[ʃatɔ̃]

der Schwanz
la queue

das Kätzchen
le chaton

die Katze
le chat
[ʃa]

der Käufer
l'acheteur (m)
[aʃtœʀ]

die Käuferin
l'acheteuse (w)
[aʃtøz]

die Kaulquappe
le têtard
[tɛtaʀ]

der Keks
le biscuit
[biskɥi]

der Keller
la cave
[kav]

der Kellner
le serveur
[sɛʀvœʀ]

der Kiefernzapfen
la pomme de pin

die Kellnerin
la serveuse
[sɛʀvøz]

der Kern
la graine
[gʀɛn]

die Kerze
la bougie
[buʒi]

der Kiefernbaum
le pin
[pɛ̃]

der Kiefernzapfen
la pomme de pin
[pɔm də pɛ̃]

der Kieselstein
le galet
[galɛ]

der Kilometer
le kilomètre
[kilɔmɛtʀ]

das Kind
l' enfant (m/w)
[ɑ̃fɑ̃]

die Kinderkrippe
la crèche
[kʀɛʃ]

der Kinderwagen
la poussette
[pusɛt]

das Kinn
le menton
[mɑ̃tɔ̃]

das Kino
le cinéma
[sinema]

die Kirche
l'église (w)
[egliz]

das Kissen
l'oreiller (m)
[ɔʀeje]

klar
clair(e)
[klɛʀ]

die Klassenarbeit
le contrôle
[kɔ̃tʀɔl]

das Klassen-zimmer
la salle de classe
[sal də klas]

das Klavier
le piano
[pjano]

der Klebstoff
la colle
[kɔl]

klebrig
collant(e)
[kɔlɑ̃], [kɔlɑ̃t]

das Kleid
la robe
[ʀɔb]

der Kleiderbügel
le cintre
[sɛ̃tʀ]

der Kleider-schrank
l'armoire (w)
[aʀmwaʀ]

die Kleidung
les vêtements (m)
[vɛtmɑ̃]

klein
petit(e)
[p(ə)ti], [p(ə)tit]

die Klippe
la falaise
[falɛz]

der Kompass
la boussole

klug
intelligent(e)
[ɛ̃teliʒɑ̃], [ɛ̃teliʒɑ̃t]

das Knie
le genou
[ʒ(ə)nu]

der Knochen
l'os (m)
[ɔs, o]

der Knopf
le bouton
[butɔ̃]

der Knoten
le nœud
[nø]

der Koala
le koala
[kɔala]

die Königin
la reine

der Koch/ die Köchin
le/la chef
[ʃɛf]

der Kochtopf
la casserole
[kasʀɔl]

der Koffer
la valise
[valiz]

der Kohl
le chou
[ʃu]

der Kolibri
l'oiseau-mouche (m)
[wazomuʃ]

die Kommode
la commode
[kɔmɔd]

der Kompass
la boussole
[busɔl]

der König
le roi
[ʀwa]

die Königin
la reine
[ʀɛn]

das Konzert
le concert
[kɔ̃sɛʀ]

der Kopf
la tête
[tɛt]

das Kopfkissen
l'oreiller (m)
[ɔʀeje]

der Kopfsalat
la laitue
[lety]

die Kopf-schmerzen
le mal de tête
[mal də tɛt]

der Korb
le panier
[panje]

der Körper
le corps
[kɔʀ]

köstlich
délicieux (m), délicieuse (w)
[delisjø], [delisjøz]

das Kostüm
le costume
[kɔstym]

die Krabbe
le crabe
[kʀab]

der Kragen
le collier
[kɔlje]

die Kralle
la griffe
[gʀif]

der Kranich
la grue
[gʀy]

krank
malade
[malad]

das Krankenhaus
l'hôpital (m)
[ɔpital]

die Kranken-schwester
l'infirmière (w)
[ɛ̃fiʀmjɛʀ]

der Kranken-wagen
l'ambulance (w)
[ɑ̃bylɑ̃s]

die Krankheit
la maladie
[maladi]

die Krawatte
la cravate
[kʀavat]

die Krone
la couronne

die Kreide
la craie
[kʀɛ]

der Kreis
le cercle
[sɛʀkl]

die Kreuzung
le carrefour
[kaʀfuʀ]

der Krieg
la guerre
[gɛʀ]

das Krokodil
le crocodile
[kʀɔkɔdil]

die Krone
la couronne
[kuʀɔn]

die Kröte
le crapaud
[kʀapo]

der Krug
la cruche
[kʀyʃ]

die Küche
la cuisine
[kɥizin]

der Kuchen
le gâteau
[gato]

die Kugel
la boule
[bul]

die Kuh
la vache
[vaʃ]

A B C D E F G H I J **K** L M N O P Q R S T U V W X Y Z

kühl
frais (m),
fraîche (w)
[fʀɛ], [fʀɛʃ]

der Kühlschrank
le réfrigérateur
[ʀefʀiʒeʀatœʀ]

das Küken
le poussin
[pusɛ̃]

der Kunde, die Kundin
le client, la cliente
[kliɑ̃], [kliɑ̃t]

die Kunst
l'art (m)
[aʀ]

der Künstler, die Künstlerin
l'artiste (m/w)
[aʀtist]

der Kürbis
la citrouille
[sitʀuj]

die Kurve
le tournant
[tuʀnɑ̃]

kurz
court(e)
[kuʀ], [kuʀt]

der Kuss
le baiser
[beze]

die Küste
la côte
[kɔt]

der Kürbis
la citrouille

L

der Liegestuhl
la chaise longue

der Laden
le magasin
[magazɛ̃]

das Lamm
l'agneau (m)
[aɲo]

die Lampe
la lampe
[lɑ̃p]

das Land
le pays
[pei]

die Landkarte
la carte
[kaʀt]

die Landstraße
la route
[ʀut]

lang
long(ue)
[lɔ̃], [lɔ̃g]

langsam
lent(e)
[lɑ̃], [lɑ̃d]

langweilig
ennuyeux (m)
ennuyeuse (w)
[ɑ̃nɥijø], [ɑ̃nɥijøz]

längste, -r, -s
plus long(ue)
[ply lɔ̃], [ply lɔ̃g]

der Laptop
l'ordinateur portable (m)
[ɔʀdinatœʀ pɔʀtabl]

der Lastwagen
le camion
[kamjɔ̃]

das Laufen
la course à pied
[kuʀs a pje]

laut
bruyant(e)
[bʀyjɑ̃], [bʀyjɑ̃t]

das Leben
la vie
[vi]

der Lebensraum
l'habitat (m)
[abita]

leer
vide
[vid]

der Lehrer
le maître
[mɛtʀ]

die Lehrerin
la maîtresse
[mɛtʀɛs]

leicht
facile
[fasil]

leicht(gewichtig)
léger (m),
légère (w)
[leʒe], [leʒɛʀ]

die Leichtathletik
l'athlétisme (m)
[atletism]

leise
bas(se)
[bɑ], [bɑs]

die Leiter
l'échelle (w)
[eʃɛl]

der Leopard
le léopard
[leɔpaʀ]

letzte, -r, -s
dernier (m),
dernière (w)
[dɛʀnje], [dɛʀnjɛʀ]

der Leuchtturm
le phare
[faʀ]

die Leute
les gens
[ʒɑ̃]

das Lexikon
l'encyclopédie (w)
[ɑ̃siklɔpedi]

die Libelle
la libellule
[libelyl]

das Licht
la lumière
[lymjɛʀ]

Lieblings-
préféré(e)
[pʀefeʀe]

der Lieferwagen
la camionnette
[kamjɔ̃nɛt]

der Liegestuhl
la chaise longue
[ʃɛz lɔ̃g]

lila
violet(te)
[vjɔlɛ], [vjɔlɛt]

die Limonade
la limonade
[limɔnad]

der Luftballon
le ballon

das Lineal
la règle
[ʀɛgl]

links
gauche
[goʃ]

das Loch
le trou
[tʀu]

locker
ample
[ɑ̃pl]

lockig
frisé(e)
[fʀize]

der Löffel
la cuillère
[kɥijɛʀ]

der Löwe
le lion
[ljɔ̃]

der Löwenzahn
le pissenlit
[pisɑ̃li]

die Luft
l'air (m)
[ɛʀ]

der Luftballon
le ballon
[balɔ̃]

die Lupe
la loupe
[lyp]

die Marionette
la marionnette

das Mädchen
la fille
[fij]

der Magnet
l'aimant (m)
[ɛmɑ̃]

der Mähdrescher
la moissonneuse-batteuse
[mwasɔnøz batøz]

die Mahlzeit
le repas
[ʀəpa]

die Mama
la maman
[mamɑ̃]

manchmal
quelquefois
[kɛlkəfwa]

der Mann
l'homme (m)
[ɔm]

die Mannschaft
l'équipe (w)
[ekip]

der Mantel
le manteau
[mɑ̃to]

der Marienkäfer
la coccinelle
[kɔksinɛl]

die Marionette
la marionnette
[maʀjɔnɛt]

der Markt
le marché
[maʀʃe]

die Marmelade
la confiture
[kɔ̃fityʀ]

die Maschine
la machine
[maʃin]

die Maske
le masque
[mask]

Mathematik
les mathématiques (w)
[matematik]

der Matrose
le marin
[maʀɛ̃]

die Matte
le petit tapis
[p(ə)ti tapi]

die Mauer
le mur
[myʀ]

die Maus
la souris
[suʀi]

das Mauspad
le tapis de souris
[tapi də suʀi]

das Medikament
le médicament
[medikamɑ̃]

die Medizin
la médecine
[medsin]

das Meer
la mer
[mɛʀ]

das Meerschweinchen
le cochon d'Inde
[kɔʃɔ̃ d ɛ̃d]

das Mehl
la farine
[faʀin]

mehr als
plus que
[ply(s)kə]

mein(e)
mon (m), ma (w)
[mɔ̃], [ma]

das meiste
le plus
[ply(s)]

die meisten
la plupart
[plypaʀ]

die Melone
le melon
[məlɔ̃]

die Melone
le melon

das Messer
le couteau
[kuto]

der Meter
le mètre
[mɛtʀ]

die Mikrowelle
le micro-ondes
[mikʀoõd]

die Milch
le lait
[lɛ]

der Milchshake
le milk-shake
[milkʃek]

die Milliarde
le milliard
[miljaʀ]

die Million
le million
[miljõ]

die Minute
la minute
[minyt]

der Milchshake
le milk-shake

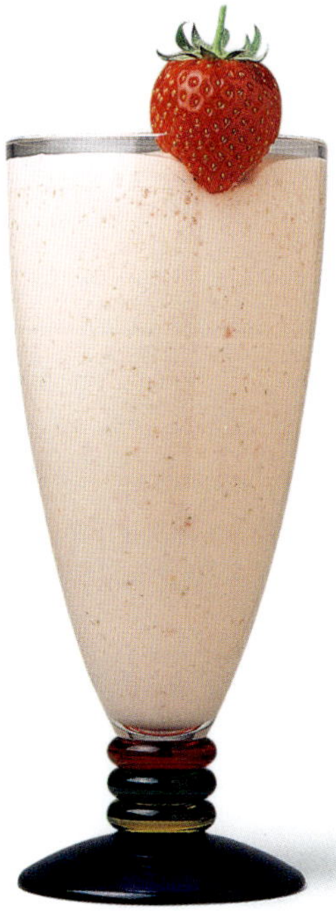

mir, mich
me, m′ (vor Vokal)
[mə], [m]

die Mischung
le mélange
[melɑ̃ʒ]

mit
avec
[avɛk]

der Mitarbeiter, die Mitarbeiterin
l′assistant (m)
l′assistante (w)
[asistɑ̃], [asistɑ̃t]

das Mittagessen
le déjeuner
[deʒœne]

die Mittagspause
la pause de midi
[poz də midi]

die Mitte
le milieu
[miljø]

der Mittelpunkt
le centre
[sɑ̃tʀ]

Mitternacht
minuit
[minɥi]

die Möbel
les meubles (m)
[mœbl]

die Mode
la mode
[mɔd]

möglich
possible
[pɔsibl]

der Monat
le mois
[mwa]

der Mond
la lune
[lyn]

morgen
demain
[dəmɛ̃]

der Morgen
le matin
[matɛ̃]

die Moschee
la mosquée
[mɔske]

der Motor
le moteur
[mɔtœʀ]

das Motorrad
la moto
[moto]

das Mountain-Bike
le vélo tout terrain
[vetete]

die Möwe
la mouette
[mwɛt]

müde
fatigué(e)
[fatige]

der Mund
la bouche
[buʃ]

A B C D E F G H I J K L M N O P Q R S T U V W X Y Z

A B C D E F G H I J K L M N O P Q R S T U V W X Y Z

die Münze
la pièce
[pjɛs]

die Murmel
la bille
[bij]

die Muschel
le coquillage
[kɔkijaʒ]

das Museum
le musée
[myze]

die Musik
la musique
[myzik]

der Musiker
le musicien
[myzisjɛ̃]

die Musikerin
la musicienne
[myzisjɛn]

das Müsli
le musli
[mysli]

das Muster
le motif
[mɔtif]

mutig
courageux (m),
courageuse (w)
[kuʀaʒø], [kuʀaʒøz]

die Mutter
la mère
[mɛʀ]

die Mütze
le bonnet
[bɔnɛ]

N

das Nest
le nid

nach
après
[apʀɛ]

der/die Nachbar(in)
le/la voisin(e)
[vwazɛ̃], [vwazin]

der Nachmittag
l'après-midi
[apʀɛmidi]

nächste, -r, -s
prochain(e)
[pʀɔʃɛn], [pʀɔʃɛ̃]

die Nacht
la nuit
[nɥi]

der Nachtfalter
le papillon de nuit
[papijɔ̃ də nɥi]

der Nachtisch
le dessert
[desɛʀ]

der Nagel
l'ongle (m)
[ɔ̃gl]

nahe bei
près de
[pʀɛ də]

der Name
le nom
[nɔ̃]

die Nase
le nez
[ne]

das Nashorn
le rhinocéros
[ʀinɔseʀɔs]

nass
mouillé(e)
[muje]

die Natur
la nature
[natyʀ]

der Nebel
le brouillard
[bʀujaʀ]

neben
à côté (de)
[kote (də)]

das Nest
le nid
[ni]

nett
sympathique
[sɛ̃patik]

das Netz
l'épuisette (w)
[epɥizɛt]

neu
nouveau (m),
nouvelle (w)
[nuvo], [nuvɛl]

neugierig
curieux (m),
curieuse (w)
[kyʀjø], [kyʀjøz]

nichts
rien
[ʀjɛ̃]

nie
jamais
[ʒamɛ]

niedrig, tief
bas(se)
[ba], [bas]

niemand
personne
[pɛʀsɔn]

nirgends
ne … nulle part
[nə nylpaʀ]

der Norden
le nord
[nɔʀ]

das Notizbuch
le carnet
[caʀnɛt]

die Nudeln
les nouilles (w)
[nuj]

nur
seulement
[sœlmɛ̃]

nützlich
utile
[ytil]

das Notizbuch
le carnet

der Filzstift
le feutre

O

die Orange
l'orange

oben
en haut
[ã 'o]

die Oberfläche
la surface
[syʀfas]

das Obst
les fruits (m)
[fʀɥi]

oder
ou
[u]

der Ofen
le four
[fuʀ]

offen
ouvert(e)
[uvɛʀ], [uvɛʀt]

oft
souvent
[suvã]

ohne
sans
[sã]

das Ohr
l'oreille (w)
[ɔʀɛj]

die Ohren-schmerzen
l'otalgie (w)
[ɔtalgi]

die Olympischen Spiele
les Jeux olympiques (m)
[ʒeɔzɔlɛ̃pik]

der Onkel
l'oncle (m)
[õkl]

orange
orangé(e)
[ɔʀãʒe]

die Orange
l'orange (w)
[ɔʀãʒ]

der Orangensaft
le jus d'orange
[ʒy d ɔʀãʒ]

der Osten
l'est (m)
[ɛst]

oval
ovale
[ɔval]

der Ozean
l'océan (m)
[ɔseã]

der Orangensaft
le jus d'orange

P

der Pelikan
le pélican

das Paar
la paire
[pɛʀ]

die Palme
le palmier
[palmje]

der Panda
le panda
[pãda]

der Papa
le papa
[papa]

der Papagei
le perroquet
[peʀɔkɛ]

das Papier
le papier
[papje]

das Papier-taschentuch
le mouchoir en papier
[muʃwaʀ ã papje]

das Papiertuch
l'essuie-tout (m)
[esɥitu]

die Pappe
le carton
[kaʀtõ]

der Park
le parc
[paʀk]

der/die Patient(in)
le/la patient(e)
[pasjã], [pasjãt]

die Pause
la pause
[poz]

der Pavian
le babouin
[babwɛ̃]

das Pedal
la pédale
[pedal]

der Pelikan
le pélican
[pelikã]

die Perle
la perle
[pɛʀl]

die Person
la personne
[pɛʀsɔn]

der Pfad
le chemin
[ʃ(ə)mɛ̃]

die Pfanne
la poêle
[pwal]

der Pfannkuchen
la crêpe
[kʀɛp]

der Pfau
le paon
[pã]

der Pfeffer
le poivre
[pwavʀ]

der Pfeil
la flèche
[flɛʃ]

das Pferd
le cheval
[ʃ(ə)val]

der Pfiff
le sifflement
[sifləmɑ̃]

die Pflanze
la plante
[plɑ̃t]

der Pfosten
le poteau
[pɔto]

die Pfote
la patte
[pat]

die Pfütze
la flaque
[flak]

das Picknick
le pique-nique
[piknik]

der/die Pilot(in)
le/la pilote
[pilɔt]

der Pilz
le cham-
pignon

der Pilz
le champignon
[ʃɑ̃piɲɔ̃]

der Pinguin
le manchot
[mɑ̃ʃo]

der Pinsel
le pinceau
[pɛ̃so]

der Pirat
le pirate
[piʀat]

die Pizza
la pizza
[pidza]

der Planet
la planète
[planɛt]

das Plastik
le plastique
[plastik]

die Plastiktüte
le sac en plastique
[sak ɑ̃ plastik]

der Platz
l'endroit (m)
[ɑ̃dʀwa]

plötzlich
tout à coup
[tutaku]

die Polizei
la police
[pɔlis]

das Polizeiauto
la voiture de police
[watyʀ də pɔlis]

der Polizeihubschrauber
l'hélicoptère de police (m)
[elikɔptɛʀ də pɔlis]

der Polizist
le policier
[pɔlisje]

die Polizistin
la policière
[pɔlisjɛʀ]

die Pommes frites
les frites (w)
[fʀit]

das Postamt
le bureau de poste
[byʀo pɔstal]

der Postbote
le facteur
[faktœʀ]

das Poster
l'affiche (w)
[afiʃ]

die Postkarte
la carte postale
[kaʀt pɔstal]

die Postleitzahl
le code postal
[kɔd pɔstal]

der Preis
le prix
[pʀi]

der Prinz
le prince
[pʀɛ̃s]

die Prinzessin
la princesse
[pʀɛ̃sɛs]

pro
par, pour
[paʀ], [puʀ]

das Problem
le problème
[pʀɔblɛm]

das TV-Programm
l'émission (w)
[emisjɔ̃]

die Prüfung
l'examen (m)
[ɛgzamɛ̃]

das Pferd
le cheval

das Puder
la poudre
[pudʀe]

der Pullover
le pull-over
[pylɔvɛʀ], [pylɔvœʀ]

der Punkt
le point
[pwɛ̃]

die Punktzahl, der Spielstand
le score
[skɔʀ]

die Puppe
la poupée
[pupe]

das Puppentheater
le spectacle de marionnettes
[spɛktakl də maʀjɔnɛt]

das Puzzle
le puzzle
[pœzl], [pœzœl]

Q

das Quadrat
le carré
[kaʀe]

die Qualle
la méduse
[medyz]

quer durch
de l'autre côté de
[otʀ kote də]

R

der Regenschirm
la parapluie

das Rad
la roue
[ʀu]

der Radiergummi
la gomme
[gɔm]

das Radio
la radio
[ʀadjo]

der Rahmen
le cadre
[kadʀ]

die Rakete
la fusée
[fyze]

der Rasen
la pelouse
[p(ə)luz]

der Rasenmäher
la tondeuse à gazon
[tõdøz a gazõ]

die Ratte
le rat
[ʀa]

rau
rugueux (m), rugueuse (w)
[ʀygø], [ʀygøz]

der Rauch
la fumée
[fyme]

die Raupe
la chenille
[ʃ(ə)nij]

die Raute
le losange
[lɔsɑ̃ʒ]

der Rechen
le râteau
[ʀato]

das Rechteck
le rectangle
[ʀɛktɑ̃gl]

rechts
droit(e)
[dʀwa], [dʀwat]

das Regal
l'étagère (w)
[etaʒɛʀ]

der Regen
la pluie
[plɥi]

der Regenbogen
l'arc-en-ciel (m)
[aʀk ɑ̃ sjɛl]

der Regenmantel
l'imperméable (m)
[ɛ̃pɛʀmeabl]

der Regenschirm
le parapluie
[paʀaplɥi]

der Regenwald
la forêt tropicale
[fɔʀɛ tʀɔpikal]

der Regenwurm
le ver de terre
[vɛʀ də tɛʀ]

die Regierung
le gouvernement
[guvɛʀnəmɑ̃]

das Reh
le chevreuil
[ʃəvʀœj]

reich
riche
[ʀiʃ]

reif
mûr(e)
[myʀ]

der Reifen
le pneu
[pnœ]

der Reiher
le héron
['eʀõ]

der Reis
le riz
[ʀi]

die Reise
le voyage
[vwajaʒ]

der Reisebus
l'autocar (m)
[otokaʀ]

der/die Reisende
le passager/la passagère
[pasaʒe], [pasaʒɛʀ]

der Reisepass
le passeport
[paspɔʀ]

der Reißverschluss
la fermeture éclair
[fɛʀmətyʀ eklɛʀ]

der Reißverschluss
la fermeture éclair

A B C D E F G H I J K L M N O P **Q R** S T U V W X Y Z

der Rennwagen
la voiture de course

das Reiten
l'équitation (w)
[ekitasjõ]

das Rennen
la course
[kuʀs]

der Rennwagen
la voiture de course
[watyʀ də kuʀs]

das Restaurant
le restaurant
[ʀestɔʀã]

die Rettung
les secours (m)
[s(ə)kuʀ]

das Rettungsboot
le bateau de sauvetage
[bato də sov(ə)taʒ]

der Rettungs-schwimmer
le surveillant de baignade
[syʀvejã də bɛɲad]

das Rezept
la recette
[ʀ(ə)sɛt]

richtig
exact(e)
[ɛgzakt]

die Richtung
la direction
[diʀɛksjõ]

der Riese
le géant
[ʒeã]

riesig
énorme
[enɔʀm]

der Ring
la bague
[bag]

ringsherum
autour
[otuʀ]

der Ritter
le chevalier
[ʃ(ə)valje]

der Roboter
le robot
[ʀɔbo]

der Rock
la jupe
[ʒyp]

der Rollschuh
le roller
[ʀɔlœʀ]

das Rollschuh-laufen
le patinage à roulettes
[patinaʒ a ʀulɛt]

der Rollstuhl
le fauteuil roulant
[fotœj ʀulã]

rosa
rose
[ʀoz]

die Rose
la rose
[ʀoz]

rot
rouge
[ʀuʒ]

der Rücken
le dos
[do]

der Rucksack
le sac à dos
[le sak a do]

rückwärts
en arrière
[ãn aʀjɛʀ]

das Ruder
la rame
[ʀam]

das Ruderboot
le canot
[kano]

Rugby
le rugby
[ʀygbi]

ruhig
calme
[kalm]

rund
rond(e)
[ʀõ], [ʀõd]

der Rüssel
la trompe
[tʀõp]

das Rollschuhlaufen
le patinage à roulettes

S

der Sattel
la selle

der Sack
le sac
[sak]

der Saft
le jus
[ʒy]

sagenhaft
fabuleux (m),
fabuleuse (w)
[fabylø], [fabyløz]

die Sahne
la crème
[kʀɛm]

der Salat
la laitue
[lety]

das Salz
le sel
[sɛl]

der Samen
la graine
[gʀɛn]

der Sand
le sable
[sabl]

die Sandale
la sandalette
[sɑ̃dalɛt]

die Sandburg
le château de sable
[ʃato də sabl]

sanft
doux (m),
douce (w)
[du], [dus]

der Sattel
la selle
[sɛl]

sauber
propre
[pʀɔpʀ]

das Säugetier
le mammifère
[mamifɛʀ]

Schach
les échecs (m)
[eʃɛk]

die Schachtel
la boîte
[bwat]

das Schaf
le mouton
[mutɔ̃]

die Schafe
les moutons

der Schal
l'écharpe

der Schal
l'écharpe (w)
[eʃaʀp]

die Schale
la coupe,
la peau (fruit)
[kup], [po]

scharf, spitz
aigue (m),
aiguë (w)
[egy]

der Schatten
l'ombre (w)
[ɔ̃bʀ]

die Schaufel
la pelle
[pɛl]

die Schaukel
la balançoire
[balɑ̃swaʀ]

die Schere
les ciseaux (m)
[sizo]

die Scheune
la grange
[gʀɑ̃ʒ]

das Schiff
le navire
[naviʀ]

das Schiffsdeck
le pont
[pɔ̃]

das Schild
le panneau
[pano]

die Schildkröte
la tortue
[tɔʀty]

der Schimpanse
le chimpanzé
[ʃɛ̃pɑ̃ze]

der Schlafanzug
le pyjama
[piʒama]

der Schlafsack
le sac de couchage
[sak də kuʃaʒ]

das Schlafzimmer
la chambre
[ʃɑ̃bʀ]

das Schlagholz
la batte
[bat]

das Schlagzeug
la batterie
[batʀi]

der Schlamm
la boue
[bu]

schlammig
boueux (m), boueuse (w)
[bwø], [bwøz]

die Schlange
le serpent
[sɛʀpɑ̃]

schlecht
mauvais(e)
[movɛ], [movɛz]

der Schlitten
le traîneau
[tʀɛno]

das Schlittschuhlaufen
le patinage sur glace
[patinaʒ syʀ glas]

das Schloss
le château
[ʃato]

der Schlüssel
la clé
[kle]

der Schmetterling
le papillon
[papijõ]

die Schminke
le maquillage
[makijaʒ]

der Schmuck
les bijoux (m)
[biʒu]

schmutzig
sale
[sal]

der Schnabel
le bec
[bɛk]

die Schnecke
l'escargot (m)
[ɛskaʀgo]

der Schnee
la neige
[nɛʒ]

der Schneeball
la boule de neige
[bul də nɛʒ]

die Schneeflocke
le flocon de neige
[flɔkõ də nɛʒ]

der Schneemann
le bonhomme de neige
[bɔnɔm də nɛʒ]

schnell
rapide
[ʀapid]

schnellste, -r, -s
plus rapide
[ply ʀapid]

die Schnur
la ficelle
[fisɛl]

der Schnurrbart
la moustache
[mustaʃ]

das Schnurrhaar
la moustache
[mustaʃ]

die Schokolade
le chocolat
[ʃɔkɔla]

schon
déjà
[deʒa]

schön
beau (m), belle (w)
[bo], [bɛl]

die Schönheit
la beauté
[bote]

der Schornstein
la cheminée
[ʃ(ə)mine]

der Schrank
le placard
[plakaʀ]

schrecklich
terrible
[tɛʀibl]

der Schreibtisch
le bureau
[byʀo]

der Schritt
le pas
[pɑ]

die Schubkarre
la brouette
[bʀuɛt]

die Schublade
le tiroir
[tiʀwaʀ]

das Schlittschuhlaufen
le patinage sur glace

der Seestern
l'étoile de mer

schüchtern
timide
[timid]

der Schuh
la chaussure
[ʃosyʀ]

die Schule
l'école (w)
[ekɔl]

der Schüler, die Schülerin
l'élève (m/w)
[elɛv]

die Schultasche
le cartable
[kaʀtabl]

die Schulter
l'épaule (w)
[epol]

die Schuluniform
l'uniforme scolaire (m)
[ynifɔʀm skɔlɛʀ]

der Schuppen
l'appentis (m)
[apãti]

die Schürze
le tablier
[tablije]

die Schüssel
le bol
[bɔl]

schwach
faible
[fɛbl]

der Schwamm
l'éponge (w)
[epõʒ]

der Schwan
le cygne
[siɲ]

der Schwanz
la queue
[kø]

schwarz
noir(e)
[nwaʀ]

das Schwein
le cochon
[kɔʃõ]

schwer(gewichtig)
lourd(e)
[luʀ], [luʀd]

schwer, schwierig
difficile
[difisil]

das Schwert
l'épée (w)
[epe]

die Schwester
la sœur
[sœʀ]

das Schwimmbad
la piscine
[pisin]

die Schwimm-brille
les lunettes de natation (w)
[lynɛt də natasjõ]

das Schwimmen
la natation (w)
[natasjõ]

die Schwimmweste
le gilet de sauvetage
[ʒilɛ də sov(ə)taʒ]

der See
le lac
[lɑk]

der Seehund
le phoque
[fɔk]

der Seelöwe
le lion de mer
[ljõ də mɛʀ]

das Seepferdchen
l'hippocampe (m)
[ipɔkãp]

die Seerose
le nénuphar
[nenyfaʀ]

der Seestern
l'étoile de mer (w)
[etwal də mɛʀ]

das Segel
la voile
[vwal]

das Segelboot
le bateau à voiles
[bato a vwal]

das Segeln
la voile
[vwal]

sehr
très
[tʀɛ]

die Seife
le savon
[savõ]

die Seifenblase
la bulle de savon
[byl də savõ]

das Seil
la corde
[kɔʀd]

sein(e)
son/sa
[sõ], [sa]

die Seite
la page
[paʒ]

seltsam
étrange
[etʀãʒ]

die Seifenblasen
les bulles de savon

A B C D E F G H I J K L M N O P Q R S T U V W X Y Z

der Sessel
le fauteuil
[fotœj]

das Shampoo
le shampooing
[ʃɑ̃pwɛ̃]

die Shorts
le short
[ʃɔʀ]

sicher, gewiss
sûr(e)
[syʀ]

sicher, gefahrlos
en sécurité
[ɑ̃ sekyrite]

Sie, sie (Einzahl)
vous, elle
[vu], [ɛl]

sie (Mehrzahl)
ils (m), elles (w)
[il], [ɛl]

das Skateboard
le skate-board
[skɛtbɔʀ]

das Skelett
le squelette
[skəlɛt]

das Skifahren
le ski
[ski]

die SMS
le texto
[tɛksto]

das Snowboard
le snow-board
[snobɔʀ]

die Socke
la chaussette
[ʃosɛt]

das Sofa
le canapé
[kanape]

sofort
tout de suite
[tut (də) sɥit]

sogar
même
[mɛm]

der Sohn
le fils
[fis]

der Soldat
le soldat
[sɔldat]

der Sommer
l'été (m)
[ete]

die Sonne
le soleil
[sɔlɛj]

der Sessel
la fauteuil

das Skelett
le squelette

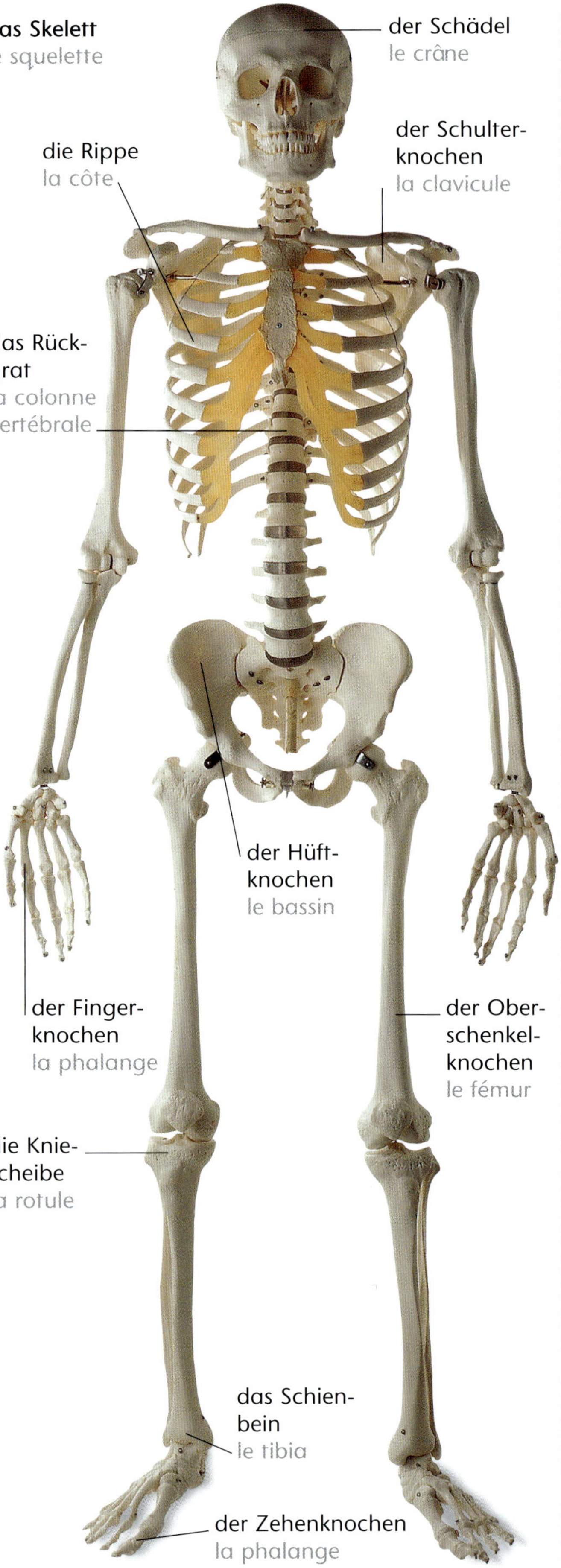

die Sonnenblume
le tournesol

die Sonnenblume
le tournesol
[tuʀnəsɔl]

die Sonnenbrille
les lunettes de soleil (w)
[lynɛt də sɔlɛj]

der Sonnenhut
le chapeau
[ʃapo]

die Sonnenkreme
la crème solaire
[kʀɛm sɔlɛʀ]

der Sonnenschirm
le parasol
[paʀasɔl]

der Sonnen-untergang
le coucher de soleil
[kuʃe də sɔlɛj]

sonnig
ensoleillé(e)
[ɑ̃sɔleje]

die Spagetti
les spaghettis (m)
[spageti]

der Spaß
l'amusement (m)
[amyzmɑ̃]

spät
en retard
[ɑ̃ ʀ(ə)taʀ]

der Spaten
la bêche
[bɛʃ]

der Spaziergang
la promenade
[pʀɔm(ə)nad]

die Speisekarte
la carte
[kaʀt]

der Spiegel
le miroir
[miʀwaʀ]

das Spiel
le jeu
[ʒø]

das Spiel (Sport)
le match
[matʃ]

der Spieler
le joueur
[ʒwœʀ]

die Spielerin
la joueuse
[ʒwœz]

der Spielplatz
la cour de récréation
[kuʀ ʀekʀeasjɔ̃]

das Spielzeug
le jouet
[ʒwɛ]

die Spinne
l'araignée (w)
[aʀeɲe]

der Sport
le sport
[spɔʀ]

die Sportarten
les sports (m)
[spɔʀ]

die Sprache
la langue
[lɑ̃g]

das Springseil
la corde à sauter
[kɔʀd a sote]

das Springseil
la corde à sauter

das Spülbecken
l'évier (m)
[evje]

die Stadt
la ville
[vil]

der Stamm
le tronc
[tʀɔ̃]

stark
fort(e)
[fɔʀ], [fɔʀt]

der Staub
la poussière
[pusjɛʀ]

steil
raide
[ʀɛd]

der Stein
la pierre
[pjɛʀ]

der Stern
l'étoile (w)
[etwal]

die Stiefel
les bottes

der Stiefel
la botte
[bɔt]

die Stiefmutter
la belle-mère
[bɛlmɛʀ]

der Stiefvater
le beau-père
[bopɛʀ]

der Stift
le crayon
[kʀɛjɔ̃]

still, ruhig
silencieux (m), silencieuse (w)
[silɑ̃sjø], [silɑ̃sjøz]

der Stock
le bâton
[batɔ̃]

der Strand
la plage
[plaʒ]

die Straße
la rue
[ʀy]

die Straßenlaterne
le réverbère
[ʀevɛʀbɛʀ]

das Streichholz
l'allumette (w)
[alymɛt]

die Streichholz-schachtel
la boîte d'allumettes
[bwat d alymɛt]

der Streifen
la rayure
[ʀɛjyʀ]

streng
sévère
[sevɛʀ]

das Stroh
la paille
[paj]

der Strohhalm
la paille
[paj]

der Strumpf
le bas
[ba]

die Strumpfhose
le collant
[kɔlɑ̃]

der Stuhl
la chaise
[ʃɛz]

die Stunde
l'heure (w)
[œʀ]

der Sturm
la tempête
[tɑ̃pɛt]

der Süden
le sud
[syd]

der Supermarkt
le supermarché
[sypɛʀmaʀʃe]

das Surfbrett
la planche de surf
[plɑ̃ʒ də sœʀf]

T

die Tafel
le tableau noir

das Tablett
le plateau
[plato]

die Tafel
le tableau noir
[tablo nwaʀ]

der Tag
le jour
[ʒuʀ]

das Tagebuch
le journal
[ʒuʀnal]

täglich
tous les jours
[tu le ʒuʀ]

die Taille
la taille
[taj]

die Tankstelle
la station-service
[stasjɔ̃sɛʀvis]

die Tante
la tante
[tɑ̃t]

der Tänzer
le danseur
[dɑ̃sœʀ]

die Tänzerin
la danseuse
[dɑ̃søz]

die Tasche
le sac
[sak]

die Tasche (Hose)
la poche
[pɔʃ]

das Taschengeld
l'argent de poche (m)
[aʀʒɑ̃ də pɔʃ]

die Taschenlampe
la lampe de poche
[lɑ̃p də pɔʃ]

der Taschen-rechner
la calculatrice
[kalkylatœʀ]

das Taschentuch
le mouchoir
[muʃwaʀ]

die Tasse
la tasse
[tas]

der Teddybär
l'ours en peluche

die Tastatur
le clavier
[klavje]

taub
sourd(e)
[suʀ], [suʀd]

das Tauchen
la plongée
[plɔ̃ʒe]

die Taucherbrille
les lunettes de plongée (w)
[lynɛt də plɔ̃ʒe]

tausend
mille
[mil]

das Taxi
le taxi
[taxi]

der Teddybär
l'ours en peluche (m)
[uʀs ɑ̃ p(ə)lyʃ]

das Taxi
le taxi

das Telefon
le téléphone

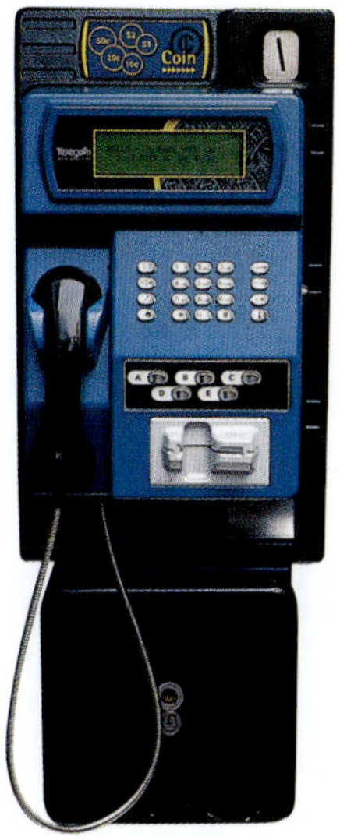

der Tee
le thé
[te]

der Teich
l'étang (m)
[etɑ̃]

das Telefon
le téléphone
[telefɔn]

der Teller
l'assiette (w)
[asjɛt]

Tennis
le tennis
[tenis]

der Tennisschläger
la raquette
[ʀakɛt]

der Teppich
la moquette
[mɔkɛt]

der Teppich, Vorleger
le tapis
[tapi]

teuer
cher (m), chère (w)
[ʃɛʀ]

das Theater
le théâtre
[teatʀ]

das Theaterstück
la pièce de théâtre
[pjɛs də teatʀ]

tief
profond(e)
[pʀɔfõ], [pʀɔfõd]

das Tier
l'animal (m)
[animal]

der Tierarzt, die Tierärztin
le/la vétérinaire
[veteʀinɛʀ]

der Tiger
le tigre
[tigʀ]

die Tinte
l'encre (w)
[ɑ̃kʀ]

der Tisch
la table
[tabl]

Tischtennis
le tennis de table
[tabl də tenis]

der Toaster
le grille-pain
[gʀijpɛ̃]

die Tochter
la fille
[fij]

die Toilette
les toilettes
[twalɛt]

das Toilettenpapier
le papier-toilette
[papje twalɛt]

toll
fantastique
[fɑ̃tastik]

der Traktor
le tracteur

die Tomate
la tomate
[tɔmat]

die Tomatensoße
la sauce tomate
[sos tɔmat]

der Topfhandschuh
le gant de cuisine
[gɑ̃ də kɥizin]

das Tor
le but
[by(t)]

der Torwart
le gardien
[gaʀdjɛ̃]

tot
mort(e)
[mɔʀ], [mɔʀt]

der/die Tourist(in)
le/la touriste
[tuʀist]

der Traktor
le tracteur
[tʀaktœʀ]

die Trauben
les raisins (m)
[ʀɛzɛ̃]

der Traum
le rêve
[ʀɛv]

der Tiger
le tigre

der Truthahn
le dindon

traurig
triste
[trist]

die Treppe
l'escalier (m)
[eskalje]

trocken
sec (m), sèche (w)
[sɛk], [sɛʃ]

der Tropfen
la goutte
[gut]

tropisch
tropical(e)
[tʀɔpikal]

der Tukan
le toucan

der Truthahn
le dindon
[dɛ̃dõ]

das T-Shirt
le tee-shirt
[tiʃœʀ]

die Tube
le tube
[tyb]

das Tuch
le tissu
[tisy]

der Tukan
le toucan
[tukɑ̃]

der Tunnel
le tunnel
[tynɛl]

die Tür
la porte
[pɔʀt]

die Turnschuhe
les baskets (w)
[baskɛt]

U

die Uhr
l'horloge

die U-Bahn
le métro
[metʀo]

über
sur
[syʀ]

über, oberhalb
au-dessus de
[od(ə)sy də]

überall
partout
[paʀtu]

überfüllt
bondé(e)
[bɔ̃de]

überraschend
étonnant(e)
[etɔnɑ̃], [etɔnɑ̃t]

die Überraschung
la surprise
[syʀpʀiz]

das U-Boot
le sous-marin
[sumaʀɛ̃]

die Übung
l'exercice (m)
[ɛgzɛʀsis]

die Uhr
l'horloge (w)
[ɔlɔʒ]

die Uhr (Armband)
la montre
[mɔ̃tʀ]

umgekehrt
à l'envers
[a l ɑ̃vɛʀ]

der Umhang
la cape
[kap]

die Umwelt
l'environnement (m)
[ɑ̃viʀɔnmɑ̃]

und
et
[e]

der Unfall
l'accident (m)
[aksidɑ̃]

ungefähr
à peu près
[a pø pʀɛ]

das Ungeheuer
le monstre
[mɔ̃stʀ]

ungerecht
injuste
[ɛ̃ʒyst]

ungewöhnlich
inhabituel(le)
[inabitɥɛl]

die Uniform
l'uniforme

die Uniform
l'uniforme (m)
[ynifɔʀm]

das Unkraut
la mauvaise herbe
[movɛ ɛʀb]

unmöglich
impossible
[ɛ̃pɔsibl]

unser
notre
[nɔtʀ]

unten
au-dessous de
[od(ə)su də]

unten (Haus)
au rez-de-chaussée (m)
[ʀed(ə)ʃose]

unter
sous
[su]

die Unterrichtsstunde
la leçon
[l(ə)sõ]

die Unterwäsche
les sous-vêtements (m)
[suvɛtmã]

der Urlaub
les vacances (w)
[vakãs]

V

der Vogel
l'oiseau

der Vampir
le vampire
[vãpiʀ]

der Vater
le père
[pɛʀ]

die Veränderung
le changement
[ʃãʒmã]

verängstigt
effrayé(e)
[efʀeje]

die Vergangenheit
le passé
[pɑse]

verheiratet
marié(e)
[maʀje]

der Verkäufer
le vendeur
[vãdœʀ]

die Verkäuferin
la vendeuse
[vãdøz]

der Verkehr
la circulation
[siʀkylasjõ]

das Verkehrsmittel
le moyen de transport
[mwajɛ̃ də tʀãspɔʀ]

die Verletzung
la blessure
[blesyʀ]

das Versteckspiel
le jeu de cache-cache
[ʒø də kaʃkaʃ]

das Videogerät
le magnétoscope
[maɲetɔskɔp]

das Videospiel
le jeu vidéo
[ʒø video]

viele
beaucoup
[boku]

vielleicht
peut-être
[pøtɛtʀ]

das Viertel
le quart
[kaʀ]

der Vogel
l'oiseau (m)
[wazo]

voll
plein(e)
[plɛ̃], [plɛn]

von
de
[d(ə)]

vor
avant
[avã]

vorsichtig
prudent(e)
[pʀydã], [pʀydãt]

vorwärts
en avant
[ãnavã]

W

der Wald
la forêt

wahr
vrai(e)
[vʀɛ]

während
pendant que
[pãdã kə]

wahrscheinlich
probablement
[pʀɔbabləmã]

der Wal
la baleine
[balɛn]

der Wald
la forêt
[fɔʀɛ]

wann
quand
[kã]

warm
chaud(e)
[ʃo], [ʃod]

warum
pourquoi
[puʀkwa]

was
qu'est-ce que
[kɛskə]

A B C D E F G H I J K L M N O P Q R S T U V W X Y Z

der Waschlappen
la serviette de toilette

das Waschbecken
le lavabo
[lavabo]

der Waschlappen
la serviette de toilette
[sɛʀvjɛt də twalɛt]

die Wasch-maschine
la machine à laver
[maʃin a lave]

das Wasser
l'eau (w)
[o]

der Wasserhahn
le robinet
[ʀɔbinɛ]

der Wasserkocher
la bouilloire
[bujwaʀ]

die Wassermelone
la pastèque
[pastɛk]

der Wecker
le réveil
[ʀewɛj]

weg
absent(e)
[apsɑ̃], [apsɑ̃t]

weich
doux (m), douce (w)
[du], [dus]

Weihnachten
Noël (m)
[nɔɛl]

der Weihnachts-baum
le sapin de Noël
[sapɛ̃ də nɔɛl]

die Weihnachts-karte
la carte de Noël
[kaʀt də nɔɛl]

weil
parce que
[paʀskə]

weiß
blanc (m), blanche (w)
[blɑ̃], [blɑ̃ʃ]

weit, breit
large
[laʀʒ]

weit, entfernt
loin
[lwɛ̃]

der Weizen
le blé
[ble]

welche, -r, -s
quel(le)
[kɛl]

die Welle
la vague
[vag]

der Wellensittich
la perruche
[peʀyʃ]

der Wecker
le réveil

die Welle
la vague

der Welpe
le chiot
[ʃjo]

die Welt
le monde
[mɔ̃d]

wer
qui
[ki]

das Werkzeug
l'outil (m)
[uti]

die Wespe
la guêpe
[gɛp]

der Westen
l'ouest (m)
[wɛst]

das Wetter
le temps
[tɑ̃]

wichtig
important(e)
[ɛ̃pɔʀtɑ̃], [ɛ̃pɔʀtɑ̃t]

wie
comment
[kɔmɑ̃]

wie (Vergleich)
comme
[kɔm]

wieder
encore
[ɑ̃kɔʀ]

willkommen
bienvenu(e)
[bjɛ̃v(ə)ny]

die Wimper
le cil
[sil]

der Wind
le vent
[vɑ̃]

windig
il y a du vent
[ilja dy vɑ̃]

der Winter
l'hiver (m)
[ivɛʀ]

winzig
minuscule
[minyskyl]

der Wellensittich
la perruche

der Wolkenkratzer
le gratte-ciel

wir
nous
[nu]

die Wirbelsäule
la colonne vertébrale
[kɔlɔn vɛʀtebʀal]

wirklich
vraiment
[vʀɛmɑ̃]

die Wissenschaften
les sciences (w)
[sjɑ̃s]

der/die Wissenschaftler(in)
le/la scientifique
[sjɑ̃tifik]

der Witz
la blague
[blag]

wo
où
[u]

die Woche
la semaine
[s(ə)mɛn]

das Wochenende
le week-end
[wikɛnd]

die Wohnung
l'appartement (m)
[apaʀtəmɑ̃]

das Wohnzimmer
le salon
[salɔ̃]

der Wolf
le loup
[lup]

die Wolke
le nuage
[nɥaʒ]

der Wolkenkratzer
le gratte-ciel
[gʀatsjɛl]

wolkig
nuageux (m), nuageuse (w)
[nɥaʒø], [nɥaʒøz]

die Wolle
la laine
[lɛn]

das Wort
le mot
[mo]

das Wörterbuch
le dictionnaire
[diksjɔnɛʀ]

der Würfel
le cube
[kyb]

die Würfel
les dés

das Würstchen
la saucisse

die Würfel (Spiel)
les dés
[de]

der Wurm
le ver
[vɛʀ]

die Wurzel
la racine
[ʀasin]

das Würstchen
la saucisse
[sosis]

die Wüste
le désert
[dezɛʀ]

wütend
furieux (m), furieuse (w)
[fyʀjø], [fyʀjøz]

Y

die Yacht
le yacht

die Yacht
le yacht
[jɔt]

A B C D E F G H I J K L M N O P Q R S T U V W X Y Z

Z

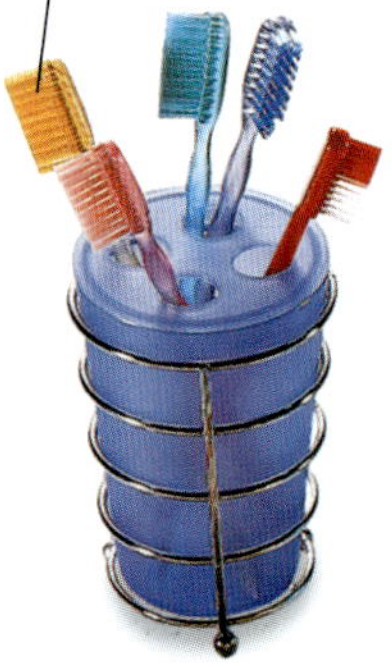

die Zahnbürste
la brosse à dents

zäh
dur(e)
[dyʀ]

die Zahl
le nombre
[nõbʀ]

der Zahn
la dent
[dã]

der Zahnarzt, die Zahnärztin
le/la dentiste
[dãtist]

die Zahnbürste
la brosse à dents
[bʀɔs a dã]

die Zahnpasta
le dentrifrice
[dãtifris]

die Zahn-schmerzen
le mal de dents
[mal də dã]

der Zauberer
le magicien
[maʒisjɛ̃]

der Zaun
la barrière
[baʀjɛʀ]

das Zebra
le zèbre
[zɛbʀ]

der Zebrastreifen
le passage clouté
[pɑsaʒ klute]

der Zeh
l'orteil (m)
[ɔʀtɛj]

das Zeichnen
le dessin
[desɛ̃]

die Zeichnung
le dessin
[desɛ̃]

die Zeit
l'heure (w)
[œʀ]

die Zeitschrift
le magazine
[magazin]

die Zeitung
le journal
[ʒuʀnal]

das Zelt
la tente
[tãt]

das Zelten
le camping
[kãmpiŋ]

die Ziege
la chèvre
[ʃɛvʀ]

das Zimmer
la pièce,
la chambre
[pjɛs], [ʃãbʀ]

die Zimmerdecke
le plafond
[plafõ]

die Zitrone
le citron

der Zirkus
le cirque
[siʀk]

die Zitrone
le citron
[sitʀõ]

der Zoo
le zoo
[zo(o)]

der Zucker
le sucre
[sykʀ]

zuerst
d'abord
[dabɔʀ]

das Zebra
le zèbre

die Zwiebel
l'oignon

der Zug
le train
[tʀɛ̃]

das Zuhause
la maison
[mɛzɔ̃]

die Zukunft
l'avenir (m)
[av(ə)niʀ]

die Zunge
la langue
[lɑ̃g]

zurück
à l'arrière
[aʀjɛʀ]

zusammen
ensemble
[ɑ̃sɑ̃bl]

zusätzlich
supplémentaire
[syplemɑ̃tɛʀ]

die Zutat
l'ingrédient
[ɛ̃gʀedjɑ̃]

zweimal
deux fois
[də fwa]

zweite, -r, -s
deuxième
[dəzjɛm]

die Zwiebel
l'oignon (m)
[ɔɲɔ̃]

der Zwilling
le jumeau,
la jumelle
[ʒymo], [ʒymɛl]

zwischen
entre
[ɑ̃tʀ]

die Zwillinge
les jumelles

Wörter Französisch-Deutsch

Dies ist eine alphabetische Liste französischer Wörter mit ihrer deutschen Übersetzung. Im Französischen schreibt man in der Regel alle Wörter klein, auch Substantive (Namenwörter). (Ausnahme: Eigennamen, Wochentage, Monate). Für Adjektive gibt es oft eine männliche und eine weibliche Form, z.B. *dur* (m) und *dure* (w).

A

à
an, bei

à l'arrière
zurück

à côté (de)
neben

à l'envers
umgekehrt

à l'intérieur
innen

à peu près
ungefähr

à travers
durch

l'abeille (w)
die Biene

absent(e)
weg

l'accident (m)
der Unfall

l'acheteur (m)
der Käufer

l'acheteuse (w)
die Käuferin

l'activité (m)
die Beschäftigung

l'adresse (w)
die Adresse

l'adresse électronique (w)
die E-Mail-Adresse

l'adulte (m/w)
der/die Erwachsene

l'aéroport (m)
der Flughafen

affamé(e)
hungrig

les affaires (w)
das Geschäft,
die Angelegenheit

l'affiche (w)
das Poster

l'agneau (m)
das Lamm

l'aide (w)
die Hilfe

aïe!
au!

l'aigle (m)
der Adler

aigue (m), aiguë (w)
scharf, spitz

l'aiguille (w)
die Nadel

l'aile (w)
der Flügel

l'aimant (m)
der Magnet

l'air (m)
die Luft

l'algue (w)
die Alge

l' allumette (w)
das Streichholz

alors
dann, also

l'alphabet (m)
das Alphabet

l'ambulance (w)
der Krankenwagen

l'ami (m)
der Freund

l'amie (w)
die Freundin

ample
locker

l'amusement (m)
der Spaß

l'ananas (m)
die Ananas

l'ancre (w)
der Anker

l'anglais (m)
Englisch

l'Angleterre (w)
England

l'animal (m)
das Tier

l'animal familier (m)
das Haustier

l'année (w), l'an (m)
das Jahr

l'anniversaire (m)
der Geburtstag

l'appareil photo (m)
der Fotoapparat

l'apparence (w)
das Aussehen

l'appartement (m)
die Wohnung

l'appentis (m)
der Schuppen

après
nach

l'après-midi (m)
der Nachmittag

l'araignée (w)
die Spinne

l'arbre (m)
der Baum

l'arc-en-ciel (m)
der Regenbogen

l'argent (m)
das Geld

l'argent de poche (m)
das Taschengeld

l'armoire (w)
der Kleiderschrank

l'arrêt de bus (m)
die Bushaltestelle

l'arrivée (w)
die Ankunft

l'arrosoir (m)
die Gießkanne

l'art (m)
die Kunst

l'artist (m/w)
der Künstler,
die Künstlerin

l'ascenseur (m)
der Aufzug

assez
genug

l'assiette (w)
der Teller

l'assistant (m)
der Mitarbeiter

l'assistante (w)
die Mitarbeiterin

assoiffé(e)
durstig

l'astronaute (m/w)
der Astronaut,
die Astronautin

l'athlétisme (m)
die Leichtathletik

l'atlas (m)
der Atlas

au
in

au-dessous de
unten

au-dessus de
über, oberhalb

au rez-de-chaussée
unten

aujourd' hui
heute

aussi
auch

l'autobus (m)
der Bus

l'autocar (m)
der Reisebus

l'autocollant (m)
der Aufkleber

l'automne (m)
der Herbst

l'autoroute (w)
die Autobahn

autour
ringsherum

autre
andere, -r, -s

avant
vor

avec
mit

l'avenir (m)
die Zukunft

l'aventure (w)
das Abenteuer

l'avion (m)
das Flugzeug

l'avocat (m)
die Avocado

B

le babouin
der Pavian

le badminton
Federball

les bagages (m)
das Gepäck

la bague
der Ring

la baignoire
die Badewanne

le baiser
der Kuss

le balai
der Besen

la balançoire
die Schaukel

le balcon
der Balkon

la baleine
der Wal

la balle
der Ball

le ballon
der Ball, der Luftballon

le ballon de football
der Fußball

la banane
die Banane

le banc
die Bank

la banque (argent)
die Bank

la barbe
der Bart

la barrière
der Zaun

le bas
der Strumpf

bas(se)
niedrig, tief; leise

le base-ball
der Baseball,
das Baseballspiel

le basket-ball
der Basketball,
das Basketballspiel

les baskets (w)
die Turnschuhe

le bateau
das Boot

le bateau à voiles
das Segelboot

le bateau de pêche
das Fischerboot

le bateau de sauvetage
das Rettungsboot

le bâtiment
das Gebäude

le bâton
der Stock

la batte
das Schlagholz

la batterie
das Schlagzeug

beau (m)
schön

le beau-père
der Stiefvater

beaucoup
viele

la beauté
die Schönheit

le bébé
das Baby

le bec
der Schnabel

la bêche
der Spaten

belle (w)
schön

la belle-mère
die Stiefmutter

le beurre
die Butter

la bibliothèque
die Bücherei

le bidon
die Dose

bien
gut (bei Verben)

bientôt
bald

bienvenu(e)
willkommen

le bijou
der Edelstein

les bijoux (m)
der Schmuck

la bille
die Murmel

le billet
die Fahr-, Eintrittskarte

le biscuit
der Keks

la blague
der Witz

blanc (m)
weiß

blanche (w)
weiß

le blé
der Weizen

la blessure
die Verletzung

bleu(e)
blau

bleu(e) clair
hellblau

bleu foncé
dunkelblau

blond(e)
blond

le blouson
die Jacke

le bois
das Holz

la boisson
das Getränk

la boîte
die Schachtel

la boîte aux lettres
der Briefkasten

la boîte d'allumettes
die Streichholzschachtel

le bol
die Schüssel

bon(ne)
gut

bon marché
billig

les bonbons
die Bonbons

bondé(e)
überfüllt

le bonhomme
der Schneemann

le bonnet
die Mütze

la botte
der Stiefel

la bouche
der Mund

la boue
der Schlamm

la bouée
die Boje

boueux (m), boueuse (w)
schlammig

la bougie
die Kerze

la bouilloire
der Wasserkocher

la boulangerie
die Bäckerei

la boule
die Kugel

la boule de neige
der Schneeball

la boussole
der Kompass

la bouteille
die Flasche

le bouton
der Knopf

le bracelet
das Armband

la branche
der Ast

le bras
der Arm

brillant(e)
hell, glänzend

la brosse
die Bürste

la brosse à cheveux
die Haarbürste

la brosse à dents
die Zahnbürste

la brouette
die Schubkarre

le brouillard
der Nebel

bruyant(e)
laut

la buée
der Dampf

le buisson
der Busch

le bulbe
die Blumenzwiebel

la bulle
die Blase

la bulle de savon
die Seifenblase

le bureau
das Büro; der Schreibtisch

le bureau de poste
das Postamt

le but
das Tor

C

ça
das

la cabane
die Hütte

le cabinet médical
die Arztpraxis

le cacahuète
die Erdnuss

le caddie
der Einkaufswagen

le cadeau
das Geschenk

le cadre
der Rahmen

le café
das Café, der Kaffee

la cage
der Käfig

le cahier
das Heft

la caisse
die Kasse

la calculatrice
der Taschenrechner

calme
ruhig

le camion
der Lastwagen

le camion de pompier
das Feuerwehrauto

la camionnette
der Lieferwagen

le camping
das Zelten

le canapé
das Sofa

le canard
die Ente

le canari
der Kanarienvogel

le caneton
das Entenküken

le canoë
das Kanu

le canot
das Ruderboot

la cape
der Umhang

la capitale
die Hauptstadt

la capuche
die Kapuze

le carnet
das Notizbuch

la carotte
die Karotte

le carré
das Quadrat

le carrefour
die Kreuzung

le cartable
die Schultasche

la carte
die Karte; die Landkarte; die Speisekarte

la carte d'anniversaire
die Geburtstagskarte

la carte de Noël
die Weihnachtskarte

la carte postale
die Postkarte

le carton
die Pappe

le casque
der Helm

la casquette
die Kappe

cassé(e)
kaputt

la casserole
der Kochtopf

la cassette
die Kassette

la cave
der Keller

le CD
die CD

ce soir
heute Abend

la ceinture
der Gürtel

célèbre
berühmt

ce
dieser

le centre
der Mittelpunkt

le cercle
der Kreis

la céréale
das Getreide

le cerf-volant
der Drachen

le cerveau
das Gehirn

cette
diese

la chaise
der Stuhl

la chaise longue
der Liegestuhl

la chaleur
die Hitze

la chambre
das (Schlaf)Zimmer

le chameau
das Kamel

le champ
das Feld

le champignon
der Pilz

le changement
die Veränderung

le chant
der Gesang

le chapeau
der Hut, der Sonnenhut

chaque
jede, -r, -s

le chat
die Katze

le château
die Burg, das Schloss

le château de sable
die Sandburg

le chaton
das Kätzchen

chaud(e)
warm, heiß

la chaussette
die Socke

le chausson
der Hausschuh

la chaussure
der Schuh

la chauve-souris
die Fledermaus

le chef
der Koch

la chef
die Köchin

le chemin
der Pfad

la cheminée
der Kamin, Schornstein

la chemise
das Hemd

le chemisier
die Bluse

la chenille
die Raupe

cher (m)
teuer

chère (w)
teuer

le cheval
das Pferd

le chevalier
der Ritter

les cheveux (m)
die Haare, das Haar

le chevreuil
das Reh

chez
bei

le chien
der Hund

le chien de berger
der Hirtenhund

le chimpanzé
der Schimpanse

le chiot
der Welpe

les chips (m)
die Chips

le chocolat
die Schokolade

le chocolat chaud
die heiße Schokolade

la chose
das Ding

le chou
der Kohl

le ciel
der Himmel

le cil
die Wimper

le cinéma
das Kino

le cintre
der Kleiderbügel

la circulation
der Verkehr

le cirque
der Zirkus

les ciseaux
die Schere

le citron
die Zitrone

la citrouille
der Kürbis

clair(e)
klar

le clavier
die Tastatur

la clé
der Schlüssel

le client
der Kunde

la cliente
die Kundin

la cloche
die Glocke

le clown
der Clown

la coccinelle
der Marienkäfer

le cochon
das Schwein

le cochon d' Inde
das Meerschweinchen

le code postal
die Postleitzahl

le cœur
das Herz

le coiffeur
der Frisör

la coiffeuse
die Frisörin

le coin
die Ecke

collant(e)
klebrig

le collant
die Strumpfhose

la colle
der Klebstoff

le collier
die Halskette; das Halsband; der Kragen

la colline
der Hügel

la colonne vertébrale
die Wirbelsäule

coloré(e)
bunt

le comique
der Comic

comme
wie (Vergleich)

comment
wie

la commode
die Kommode

le concert
das Konzert

le conducteur
der (Bus)Fahrer

la conductrice
die (Bus)Fahrerin

la confiture
die Marmelade

confortable
bequem

le congélateur
der Gefrierschrank

le contraire
der Gegensatz

le contrôle
die Klassenarbeit

le coquillage
die Muschel

la corde
das Seil

la corde à sauter
das Springseil

le corps
der Körper

le costume
der Anzug, das Kostüm

la côte
die Küste

le cou
der Hals

le coucher de soleil
der Sonnenuntergang

le coude
der Ellbogen

la couette
die Bettdecke

la couleur
die Farbe

le couloir
der Flur

la coupe
die Schale, Schüssel

la cour de récréation
der Spielplatz

courageux (m),
courageuse (w)
mutig

courbé(e)
gebogen

la couronne
die Krone

la course
das Rennen

la course à pied
das Laufen

les courses (w)
der Einkauf

court(e)
kurz

le cousin
der Cousin

la cousine
die Cousine

le couteau
das Messer

le couvercle
der Deckel

la couverture
die Decke

le cow-boy
der Cowboy

le crabe
die Krabbe

la craie
die Kreide

le crapaud
die Kröte

la cravate
die Krawatte

le crayon
der Stift

le crayon à papier
der Bleistift

le crayon de couleur
der Buntstift

la crèche
die Kinderkrippe

la crème
die Sahne

la crème solaire
die Sonnenkreme

la crêpe
der Pfannkuchen

le crocodile
das Krokodil

la cruche
der Krug

le cube
der Bauklotz; der Würfel

la cuillère
der Löffel

la cuisine
die Küche

la cuisinière
der Herd

curieux (m),
curieuse (w)
neugierig

le cygne
der Schwan

D

d'abord
zuerst

d'habitude
gewöhnlich

le danger
die Gefahr

dangereux (m),
dangereuse (w)
gefährlich

dans
in

le danseur
der Tänzer

le danseur classique
der Balletttänzer

la danseuse
die Tänzerin

la danseuse classique
die Balletttänzerin

la date
das Datum

le dauphin
der Delfin

de
von

de l'autre côté de
quer durch

la décoration
die Dekoration

dedans
drinnen

le défilé
der Festumzug

le déguisement
das Faschingskostüm

dehors
draußen

déjà
schon

le déjeuner
das Mittagessen

délicieux (m)
délicieuse (w)
köstlich

demain
morgen

le demi-cercle
der Halbkreis

la dent
der Zahn

le dentiste
der Zahnarzt

la dentiste
die Zahnärztin

le dentrifrice
die Zahnpasta

dernier
letzter, -s

dernière
letzte

derrière
hinter

les dés
die Würfel (Spiel)

le désert
die Wüste

le dessert
der Nachtisch

le dessin
die Zeichnung;
das Zeichnen

deux fois
zweimal

deuxième
zweite, -r, -s

les devoirs (m)
die Hausaufgaben

le dictionnaire
das Wörterbuch

différent(e)
anders, verschieden

difficile
schwer, schwierig

digital(e)
digital

le dindon
der Truthahn

le dîner
das Abendessen

le dinosaure
der Dinosaurier

directement
geradewegs

la direction
die Richtung

la discothèque
die Disko

le disque dur
die Festplatte

divorcé(e)
geschieden

le doigt
der Finger

le dos
der Rücken

douce (w)
sanft, weich

la douche
die Dusche

doux (m)
sanft, weich

le dragon
der Drache

le drapeau
die Fahne

droit(e)
gerade; rechts

dur(e)
hart, zäh

le DVD
die DVD

E

l'eau (w)
das Wasser

l'écharpe (w)
der Schal

les échecs (m)
Schach

l'échelle (w)
die Leiter

l'éclair (m)
der Blitz

l'école (w)
die Schule

l'écran (m)
der Bildschirm

l'écureuil (m)
das Eichhörnchen

effrayé(e)
verängstigt

l'église (w)
die Kirche

électrique
elektrisch

l'éléphant (m)
der Elefant

l'élève (m)
der Schüler

l'élève (w)
die Schülerin

elle
sie (Singular)

elles
sie (Plural)

l'e-mail (m)
die E-Mail

l'émission (w)
das TV-Programm

l'emploi (m)
die Arbeit

en
in

en arrière
rückwärts

en avant
vorwärts

en bois
hölzern

en bonne santé
gesund

en face de
gegenüber

en forme
fit

en haut
oben

en retard
spät

en sécurité
sicher, gefahrlos

encore
wieder

l'encre (w)
die Tinte

l'encyclopédie (w)
das Lexikon

l'endroit (m)
der Platz

l'enfant (m/w)
das Kind

l'ennui (m)
der Ärger

ennuyeux (m),
ennuyeuse (w)
langweilig, ärgerlich

énorme
riesig

ensemble
zusammen

ensoleillé(e)
sonnig

enthousiaste
begeistert

entre
zwischen

l'entrée (w)
der Eingang

l'enveloppe (w)
der Briefumschlag

l'environnement (m)
die Umwelt

épais(se)
dick

l'épaule (w)
die Schulter

l'épée (w)
das Schwert

l'éponge (w)
der Schwamm

l'épouse (w)
die Ehefrau

l'épuisette
das Netz

l'équipe (w)
die Mannschaft

l'équitation (w)
das Reiten

l'erreur (w)
der Fehler

l'escalier (m)
die Treppe

l'escargot (m)
die Schnecke

l'essence (w)
das Benzin

l'essuie-tout (m)
das Papiertuch

l'est (m)
der Osten

l'estomac (m)
der Bauch

et
und

l'étagère (w)
das Regal

l'étang (m)
der Teich

l'été (m)
der Sommer

l'étoile (w)
der Stern

l'étoile de mer (w)
der Seestern

étonnant(e)
überraschend

étrange
seltsam

étroit(e)
eng

l'évier (m)
das Spülbecken

exact(e)
richtig

l'examen (m)
die Prüfung

excellent(e)
hervorragend

excité(e)
aufgeregt

l'exercice (m)
die Übung

l'explosion (w)
die Explosion

extrêmement
äußerst

F

fabuleux (m)
fabuleuse (w)
sagenhaft

facile
einfach, leicht

le facteur
der Postbote

la factrice
die Postbotin

faible
schwach

la falaise
die Klippe

la famille
die Familie

fantastique
toll

le fantôme
das Gespenst

la farine
das Mehl

fatigué(e)
müde

fausse (w)
falsch

le fauteuil
der Sessel

le fauteuil roulant
der Rollstuhl

faux (m)
falsch

la fée
die Fee

la femme
die Frau

la fenêtre
das Fenster

la ferme
der Bauernhof

fermé(e)
geschlossen

la fermeture éclair
der Reißverschluss

le fermier
der Bauer

la fermière
die Bäuerin

le ferry-boat
die Fähre

les fesses (w)
der Hintern

la fête
das Fest

le feu
das Feuer

la feuille
das Blatt

le feutre
der Filzstift

les feux de signalisation (m)
die Ampel

la ficelle
die Schnur

la fille
das Mädchen; die Tochter

le film
der Film

le fils
der Sohn

la fin
das Ende

fin(e)
dünn

la flaque
die Pfütze

la flèche
der Pfeil

la fleur
die Blume

le flocon de neige
die Schneeflocke

la flûte
die Flöte

le foin
das Heu

la foire
der Jahrmarkt

le football
das Fußballspiel

la forêt
der Wald

la forêt tropicale
der Regenwald

la forme
die Form

formidable
großartig, fantastisch

fort(e)
stark

le four
der Ofen

la fourchette
die Gabel

la fourmi
die Ameise

fraîche (w)
frisch, kühl

frais (m)
frisch, kühl

la fraise
die Erdbeere

la framboise
die Himbeere

le français
Französisch

la France
Frankreich

le frère
der Bruder

frisé(e)
lockig

les frites (w)
die Pommes frites

froid(e)
kalt

le fromage
der Käse

les fruits (m)
das Obst

la fumée
der Rauch

furieux (m)
wütend

furieuse (w)
wütend

la fusée
die Rakete

G

le galet
der Kieselstein

le gant
der Handschuh

le gant de cuisine
der Topfhandschuh

le garage
die Garage

le garçon
der Junge

le gardien
der Torwart

la gare
der Bahnhof

le gâteau
der Kuchen

le gâteau d'anniversaire
der Geburtstagskuchen

gauche
links

le gaz
das Gas

le géant
der Riese

le gel douche
das Duschgel

le genou
das Knie

les gens (m)
die Leute

gentil(le)
freundlich

la géographie
Erdkunde

le gilet de sauvetage
die Schwimmweste

la girafe
die Giraffe

la glace
das Eis, die Eiskreme

le glacier
der Gletscher

le glaçon
der Eiswürfel

le globe
der Globus

le golf
Golf

la gomme
der Radiergummi

le gorille
der Gorilla

la goutte
der Tropfen

le gouvernement
die Regierung

la graine
der Samen, der Kern

grand(e)
groß, lang

la grand-mère
die Großmutter

le grand-père
der Großvater

la Grande-Bretagne
Großbritannien

les grands-parents (m)
die Großeltern

la grange
die Scheune

le gratte-ciel
der Wolkenkratzer

le grenier
der Dachboden

la grenouille
der Frosch

la griffe
die Kralle

le grille-pain
der Toaster

gris(e)
grau

gros(se)
fett, groß, schwer

la grotte
die Höhle

le groupe
die Gruppe

la grue
der Kranich

le guépard
der Gepard

la guêpe
die Wespe

la guerre
der Krieg

la guitare
die Gitarre

la gymnastique
die Gymnastik

H

l'habitat (m)
der Lebensraum

le hamster
der Hamster

la hanche
die Hüfte

handicapé(e)
behindert

le haricot
die Bohne

haut(e)
hoch

l'hélicoptère (m)
der Hubschrauber

l'hélicoptère de police (m)
der Polizeihubschrauber

l'herbe (w)
das Gras

le hérisson
der Igel

le héron
der Reiher

le héros
der Held

l'heure (w)
die Stunde; die Zeit

heureux (m), heureuse (w)
glücklich

le hibou
die Eule

hier
gestern

l'hippocampe (m)
das Seepferdchen

l'histoire (w)
Geschichte

historique
geschichtlich

l'hiver (m)
der Winter

le hockey
Hockey

le hockey sur glace
Eishockey

l'homme (m)
der Mann

l'hôpital (m)
das Krankenhaus

l'horaire (m)
der Fahrplan

l'horloge (w)
die Uhr

hors de
außerhalb

le hotdog
das Hotdog

l'hôtel (m)
das Hotel

I

l'idée (w)
die Idee

il
er, es

il y a
es gibt

il y a du vent
windig

ils
sie (Plural)

l'île (w)
die Insel

l'image (w)
das Bild

l'imperméable (m)
der Regenmantel

important(e)
wichtig

impossible
unmöglich

incroyable
erstaunlich

l'infirmière (w)
die Krankenschwester

l'ingrédient (m)
die Zutat

inhabituel(le)
ungewöhnlich

injuste
ungerecht

l'inondation (w)
die Flut

l'insecte (m)
das Insekt

l'instrument (m)
das Instrument

intelligent(e)
klug

intéressant(e)
interessant

l'invitation (w)
die Einladung

l'issue (w)
der Ausweg

J

le jaguar
der Jaguar

la jambe
das Bein

jamais
nie

le jardin
der Garten

le jardinage
die Gartenarbeit

le jardinier
der Gärtner

la jardinière
die Gärtnerin

jaune
gelb

je
ich

le jean
die Jeans

le jeu
das Spiel

le jeu de cache-cache
das Versteckspiel

le jeu de plateau
das Brettspiel

le jeu électronique
das Computerspiel

le jeu vidéo
das Videospiel

jeune
jung

les Jeux olympiques (m)
die Olympischen Spiele

joli(e)
hübsch

le joueur
der Spieler

la joueuse
die Spielerin

le jouet
das Spielzeug

le jour
der Tag

le journal
das Tagebuch; die Zeitung

le judo
Judo

les jumelles (w)
das Fernglas

le jumeau (m)
der Zwilling

la jumelle (w)
der Zwilling

la jungle
der Dschungel

la jupe
der Rock

le jus
der Saft

le jus d'orange
der Orangensaft

jusqu'à
bis

juste
gerade eben

K

le kangourou
das Känguru

le karaté
das Karate

le kilomètre
der Kilometer

le koala
der Koala

L

la
die

là
dort

là-bas
dort drüben

le lac
der See

laid(e)
hässlich

la laine
die Wolle

le lait
die Milch

la laitue
der (Kopf)Salat

la lampe
die Lampe

la lampe de poche
die Taschenlampe

la langue
die Sprache; die Zunge

le lapin
das Kaninchen

large
weit, breit

le lavabo
das Waschbecken

le
der

la leçon
die Unterrichtsstunde

le lecteur de CD
der CD-Spieler

le lecteur de DVD
der DVD-Spieler

léger (m), légère (w)
leicht(gewichtig)

le légume
das Gemüse

lent(e)
langsam

le léopard
der Leopard

la lettre
der Brief

leur
ihr(e)

le lézard
die Eidechse

la libellule
die Libelle

la liberté
die Freiheit

la librairie
der Buchladen

le lièvre
der Hase

la limonade
die Limonade

le lion
der Löwe

le lion de mer
der Seelöwe

lisse
glatt

la liste de courses
die Einkaufsliste

le lit
das Bett

le livre
das Buch

la loi
das Gesetz

loin
weit, entfernt

le loisir
das Hobby

long(ue)
lang

le losange
die Raute

le loup
der Wolf

la loupe
die Lupe

lourd(e)
schwer(gewichtig)

la lumière
das Licht

la lune
der Mond

les lunettes (w)
die Brille

les lunettes de natation (w)
die Schwimmbrille

les lunettes de plongée (w)
die Taucherbrille

les lunettes de soleil (w)
die Sonnenbrille

M

la machine
die Maschine

la machine à laver
die Waschmaschine

le magasin
das Geschäft, der Laden

le magazine
die Zeitschrift

le magicien
der Zauberer

le magnétoscope
das Videogerät

le maillot de bain
der Badeanzug, die Badehose

la main
die Hand

maintenant
jetzt

mais
aber

la maison
das Haus; das Zuhause

le maître
der Lehrer

la maîtresse
die Lehrerin

le mal de dents
die Zahnschmerzen

le mal de gorge
die Halsschmerzen

le mal de tête
die Kopfschmerzen

malade
krank

la maladie
die Krankheit

la maman
die Mama

le mammifère
das Säugetier

la manche
der Ärmel

le manchot
der Pinguin

le manteau
der Mantel

le maquillage
die Schminke

le marché
der Markt

le mari
der Ehemann

le mariage
die Hochzeit

marié(e)
verheiratet

le marin
der Matrose

la marionnette
die Marionette

marron
braun

le marteau
der Hammer

le masque
die Maske

le match
das Spiel (Sport)

le matériel
die Ausrüstung

les mathématiques (w)
Mathematik

le matin
der Morgen

mauvais(e)
schlecht

la mauvaise herbe
das Unkraut

me, m' (vor Vokal)
mir, mich

le médecin
der Arzt, die Ärztin

la médecine
die Medizin

le médicament
die Arznei, das Medikament

la méduse
die Qualle

meilleur(e)
besser

le mélange
die Mischung

le melon
die Melone

même
das Gleiche; sogar

le menton
das Kinn

la mer
das Meer

la mère
die Mutter

le mètre
der Meter

le métro
die U-Bahn

les meubles (m)
die Möbel

le micro-ondes
die Mikrowelle

le miel
der Honig

mieux
beste, -r, -s

le milk-shake
der Milchshake

mille
tausend

le milliard
die Milliarde

le milieu
die Mitte

le million
die Million

minuit
Mitternacht

minuscule
winzig

la minute
die Minute

le miroir
der Spiegel

la mitaine
der Fausthandschuh

la mode
die Mode

le mois
der Monat

la moissonneuse-batteuse
der Mähdrescher

la moitié
die Hälfte

mon, ma
mein(e)

le monde
die Welt

le monstre
das Ungeheuer

la montagne
der Berg

la montgolfière
der Heißluftballon

la montre
die Armbanduhr

la moquette
der Teppich

mort(e)
tot

la mosquée
die Moschee

le mot
das Wort

le moteur
der Motor

le motif
das Muster

la moto
das Motorrad

la mouche
die Fliege

le mouchoir
das Taschentuch

le mouchoir en papier
das Papiertaschentuch

la mouette
die Möwe

mouillé(e)
nass

la moustache
der Schnurrbart; das Schnurrhaar

le mouton
das Schaf

le moyen de transport
das Verkehrsmittel

le mur
die Mauer

mûr(e)
reif

le musée
das Museum

le musicien
der Musiker

la musicienne
die Musikerin

la musique
die Musik

le musli
das Müsli

N

la nageoire
die Flosse

la natation
das Schwimmen

la nature
die Natur

le navire
das Schiff

la neige
der Schnee

le nénuphar
die Seerose

le nez
die Nase

le nid
das Nest

Noël (m)
Weihnachten

le nœud
der Knoten

noir(e)
schwarz

le nom
der Name

le nombre
die Zahl

le nord
der Norden

notre
unser

nous
wir

les nouilles (w)
die Nudeln

la nourriture
das Essen; das Futter

la nourriture pour chiens
das Hundefutter

nouveau (m)
neu

nouvelle (w)
neu

le nuage
die Wolke

nuageux (m)
wolkig

nuageuse (w)
wolkig

la nuit
die Nacht

O

l'océan (m)
der Ozean

occupé(e)
beschäftigt

l'odeur (w)
der Geruch

l'œil (m)
das Auge

l'œuf (m)
das Ei

l'oignon (m)
die Zwiebel

l'oiseau (m)
der Vogel

l'oiseau-mouche (m)
der Kolibri

l'ombre (w)
der Schatten

l'oncle (m)
der Onkel

l'ongle (m)
der Nagel

l'or (m)
das Gold

l'orage (m)
das Gewitter

orange
orange

l'orange (w)
die Orange

l'ordinateur (m)
der Computer

l'ordinateur portable (m)
der Laptop

l'oreille (w)
das Ohr

l'oreiller (m)
das (Kopf)Kissen

l'orteil (m)
der Zeh

l'os (m)
der Knochen

l'otalgie (w)
die Ohrenschmerzen

ou
oder

où
wo

l'ouest (m)
der Westen

l'ours (m)
der Bär

l'ours blanc (m)
der Eisbär

l'ours en peluche (m)
der Teddybär

l'outil (m)
das Werkzeug

ouvert(e)
offen

ovale
oval

P

la page
die Seite

la paille
der Strohhalm

le pain
das Brot

la paire
das Paar

la paix
der Frieden

le palmier
die Palme

le panda
der Panda

le panier
der Korb

le panier-repas
die Brotdose

le panneau
das Schild

le pantalon
die Hose

le paon
der Pfau

le papa
der Papa

le papier
das Papier

le papier-toilette
das Toilettenpapier

le papillon
der Schmetterling

le papillon de nuit
der Nachtfalter

la pâquerette
das Gänseblümchen

par
pro

le parapluie
der Regenschirm

le parasol
der Sonnenschirm

le parc
der Park

parce que
weil

les parents (m)
die Eltern

paresseux (m)
faul

paresseuse (w)
faul

particulier (m)
besonderer, -s

particulière (w)
besondere

partout
überall

le pas
der Schritt

le passage clouté
der Zebrastreifen

le passager
der Reisende,
der Fahrgast

la passagère
die Reisende

le passé
die Vergangenheit

le passeport
der Reisepass

la pastèque
die Wassermelone

le patient
der Patient

la patiente
die Patientin

patient(e)
geduldig

le patinage à roulettes
das Rollschuhlaufen

le patinage sur glace
das Schlittschuhlaufen

la patte
die Pfote

la pause
die Pause

la pause de midi
die Mittagspause

pauvre
arm

le pays
das Land

la peau
die Haut

la pêche
die Fischerei

la pédale
das Pedal

le peigne
der Kamm

le pélican
der Pelikan

la pelle
die Schaufel

la pelouse
der Rasen

pendant que
während

le père
der Vater

la perle
die Perle

le perroquet
der Papagei

la perruche
der Wellensittich

personne
niemand

la personne
die Person

petit(e)
klein

le petit pain
das Brötchen

le petit pois
die Erbse

le petit tapis
die Matte

le petit-déjeuner
das Frühstück

peut-être
vielleicht

le phare
der Leuchtturm

la pharmacie
die Apotheke

le phoque
der Seehund

la photo
das Foto

le piano
das Klavier

la pièce
die Münze; das Zimmer

la pièce de théâtre
das Theaterstück

le pied
der Fuß

la pierre
der Stein

la pile
die Batterie

le pilote
der Pilot

la pilote
die Pilotin

le pin
der Kiefernbaum

le pinceau
der Pinsel

le pique-nique
das Picknick

le pirate
der Pirat

la piscine
das Schwimmbad

le pissenlit
der Löwenzahn

la pizza
die Pizza

le placard
der Schrank

le plafond
die Zimmerdecke

la plage
der Strand

la planche de surf
das Surfbrett

la planète
der Planet

la plante
die Pflanze

le plastique
das Plastik

plat(e)
flach

le plateau
das Tablett

plein(e)
voll

la plongée
das Tauchen

la pluie
der Regen

la plume
die Feder

la plupart
die meisten

le plus
das meiste

plus grand(e)
größte, -r, -s

plus long(ue)
längste, -r, -s

plus que
mehr als

plus rapide
schnellste, -r, -s

le pneu
der Reifen

la poche
die (Hosen)Tasche

la poêle
die Pfanne

le poids
das Gewicht

le poil
das Fell

le point
der Punkt

la poire
die Birne

le poisson
der Fisch

le poisson rouge
der Goldfisch

le poivre
der Pfeffer

la polaire
die Fleecejacke

la police
die Polizei

le policier
der Polizist

la policière
die Polizistin

la pomme
der Apfel

la pomme de pin
der Kiefernzapfen

la pomme de terre
die Kartoffel

le pompier
der Feuerwehrmann

le pont
die Brücke;
das Schiffsdeck

populaire
beliebt

le port
der Hafen

la porte
die Tür

la porte d'entrée
die Haustür

le porte-monnaie
die Geldbörse

possible
möglich

le pot de painture
der Farbtopf

le poteau
der Pfosten

la poubelle
der Abfalleimer

le pouce
der Daumen

la poudre
das Puder

le poulet
das Huhn

la poupée
die Puppe

pour
für, pro

pourquoi
warum

la poussette
der Kinderwagen

la poussière
der Staub

le poussin
das Küken

la poutre
der Balken

préféré(e)
Lieblings-; bevorzugt

premier
erster

première
erste

les premiers secours (m)
die erste Hilfe

près de
nahe bei

presque
fast

prêt(e)
fertig, bereit

le prince
der Prinz

la princesse
die Prinzessin

le printemps
der Frühling

le prix
der Preis

probablement
wahrscheinlich

le problème
das Problem

prochain(e)
nächste, -r, -s

profond(e)
tief

la promenade
der Spaziergang

propre
eigene, -r, -s ; sauber

prudent(e)
vorsichtig

le pull-over
der Pullover

le puzzle
das Puzzle

le pyjama
der Schlafanzug

Q

le quai
der Bahnsteig

quand
wann

le quart
das Viertel

quel(le)
welche, -r, -s

quelqu'un
(irgend)jemand

quelque chose
(irgend)etwas

quelquefois
manchmal

quelques
einige

qu'est-ce que
was

la question
die Frage

la queue
der Schwanz

qui
wer

R

la racine
die Wurzel

la radio
das Radio

raide
steil

les raisins (m)
die Trauben

la rame
das Ruder

rapide
schnell

la raquette
der Tennisschläger

le rat
die Ratte

le râteau
der Rechen

la rayure
der Streifen

la recette
das Rezept

le rectangle
das Rechteck

réel(le)
echte, -r -s

le réfrigérateur
der Kühlschrank

la région
das Gebiet

la règle
das Lineal

la reine
die Königin

le renard
der Fuchs

le repas
die Mahlzeit

la réponse
die Antwort

le requin
der Hai

le restaurant
das Restaurant

le rêve
der Traum

le réveil
der Wecker

le réverbère
die Straßenlaterne

le rhinocéros
das Nashorn

le rhume
die Erkältung

riche
reich

le rideau
der Vorhang

rien
nichts

la rive
das Flussufer

la rivière
der Fluss

le riz
der Reis

la robe
das Kleid

le robinet
der Wasserhahn

le robot
der Roboter

le rocher
der Fels

le roi
der König

le roller
der Rollschuh

rond(e)
rund

rose
rosa

la rose
die Rose

la roue
das Rad

rouge
rot

la route
die Landstraße

la rue
die Straße

le rugby
Rugby

rugueuse (w)
rau

rugueux (m)
rau

S

le sable
der Sand

le sac
der Sack;
die (Einkaufs)Tasche

le sac à dos
der Rucksack

le sac à main
die Handtasche

le sac de couchage
der Schlafsack

le sac en plastique
die Plastiktüte

la saison
die Jahreszeit

sale
schmutzig, dreckig

la salle à manger
das Esszimmer

la salle de bains
das Badezimmer

la salle de classe
das Klassenzimmer

le salon
das Wohnzimmer

la sandalette
die Sandale

le sandwich
das belegte Brot

le sang
das Blut

sans
ohne

le sapin de Noël
der Weihnachtsbaum

la sauce tomate
die Tomatensoße

la saucisse
das Würstchen

la sauterelle
die Heuschrecke

le savon
die Seife

le scarabée
der Käfer

les sciences (w)
die Wissenschaften

le scientifique
der Wissenschaftler

la scientifique
die Wissenschaftlerin

le score
die Punktzahl,
der Spielstand

le seau
der Eimer

sec (m)
trocken

sèche (w)
trocken

les secours (m)
die Rettung

le sel
das Salz

la selle
der Sattel

la semaine
die Woche

le serpent
die Schlange

la serre
das Gewächshaus

serré(e)
fest

le serveur
der Kellner

la serveuse
die Kellnerin

la serviette
das Handtuch

la serviette de toilette
der Waschlappen

seul(e)
allein

seulement
nur

sévère
streng

le shampooing
das Shampoo

le short
die Shorts

le sifflement
der Pfiff

s'il te plaît,
s'il vous plaît
bitte

silencieuse (w)
still, ruhig

silencieux (m)
still, ruhig

le singe
der Affe

le skate-board
das Skateboard

le ski
das Skifahren

le snow-board
das Snowboard

la sœur
die Schwester

le soir
der Abend

le soir de Noël
Heiligabend

le sol
der Fußboden

le soldat
der Soldat

le soleil
die Sonne

sombre
dunkel

son, sa
ihr(e), sein(e)

la sorcière
die Hexe

la sortie
der Ausgang

le sourcil
die Augenbraue

sourd(e)
taub

la souris
die Maus

sous
unter

le sous-marin
das U-Boot

les sous-vêtements (m)
die Unterwäsche

souvent
oft

les spaghettis (m)
die Spagetti

le spectacle de marionnettes
das Puppentheater

le sport
der Sport

les sports (m)
die Sportarten

le squelette
das Skelett

la station-service
die Tankstelle

stupide
dumm

le stylo
der Füller

le sucre
der Zucker

le sud
der Süden

le supermarché
der Supermarkt

supplémentaire
zusätzlich

sur
auf, über

sûr(e)
sicher, gewiss

la surface
die Oberfläche

la surprise
die Überraschung

surtout
hauptsächlich

le surveillant de baignade
der Rettungsschwimmer

sympathique
nett

T

la table
der Tisch

le tableau noir
die Tafel

le tablier
die Schürze

la tache
der Fleck

la taille
die Größe, die Taille

le tambour
die Trommel

la tante
die Tante

le tapis
der Teppich, Vorleger

le tapis de souris
das Mauspad

la tasse
die Tasse, der Becher

le taxi
das Taxi

le tee-shirt
das T-Shirt

la télécommande
die Fernbedienung

le téléphone
das Telefon

le téléphone portable
das Handy

le télescope
das Fernrohr

la télévision
der Fernseher

la tempête
der Sturm

le temps
das Wetter

le temps libre
die Freizeit

le tennis
Tennis

le tennis de table
Tischtennis

la tente
das Zelt

la terre
die Erde

terrible
schrecklich

le têtard
die Kaulquappe

la tête
der Kopf

le texto
die SMS

le thé
der Tee

le théâtre
das Theater

le ticket de caisse
der Kassenzettel

la tige
der Stängel

le tigre
der Tiger

le timbre
die Briefmarke

timide
schüchtern

le tiroir
die Schublade

le tissu
das Tuch

les toilettes (w)
die Toilette

le toit
das Dach

la tomate
die Tomate

la tondeuse à gazon
der Rasenmäher

ton, ta
dein(e)

le torchon
das Geschirrtuch

la tortue
die Schildkröte

tôt
früh

le toucan
der Tukan

toujours
immer

le touriste
der Tourist

la touriste
die Touristin

le tournant
die Kurve

le tournesol
die Sonnenblume

le tourniquet
das Karussell

tous (m)
alle

tous les jours
täglich

tout(e)
alles

tout à coup
plötzlich

tout de suite
sofort

tout le monde
jedermann

toutes (w)
alle

la toux
der Husten

le tracteur
der Traktor

le train
der Zug

le traîneau
der Schlitten

tranquille
friedlich

très
sehr

le triangle
das Dreieck

triste
traurig

la trompe
der Rüssel

le tronc
der Stamm

tropical(e)
tropisch

le trottoir
der Bürgersteig

le trou
das Loch

le troupeau
die Herde

la trousse
das Federmäppchen

tu
du

le tube
die Tube

le tunnel
der Tunnel

U

un
ein

une
eine

l'uniforme (m)
die Uniform

l'uniforme scolaire (m)
die Schuluniform

l'usine (w)
die Fabrik

utile
nützlich

V

les vacances (w)
die Ferien, der Urlaub

la vache
die Kuh

la vague
die Welle

la vaisselle
der Abwasch

la valise
der Koffer

le vampire
der Vampir

le veau
das Kalb

la vedette de cinéma
der Filmstar

le vélo
das Fahrrad

le vendeur
der Verkäufer

la vendeuse
die Verkäuferin

le vent
der Wind

le ver
der Wurm

le ver de terre
der Regenwurm

le verre
das Glas

vers le bas
hinunter

vers le haut
hinauf

vert(e)
grün

les vêtements (m)
die Kleidung

le vétérinaire
der Tierarzt

la vétérinaire
die Tierärztin

la viande
das Fleisch

vide
leer

la vie
das Leben

vieille (w)
alt

vieux (m)
alt

vilain(e)
frech

le village
das Dorf

la ville
die Stadt

violet(te)
lila

le violon
die Geige

le visage
das Gesicht

la voile
das Segel; das Segeln

le voisin
der Nachbar

la voisine
die Nachbarin

la voiture
das Auto

la voiture de course
der Rennwagen

la voiture de police
das Polizeiauto

votre
euer, eure

vous
ihr

vous
Sie

le voyage
die Reise

vrai(e)
wahr

vraiment
wirklich

le vélo tout terrain
das Mountain-Bike

W

le week-end
das Wochenende

Y

le yacht
die Yacht

le yaourt
der Jogurt

les yeux (m)
die Augen

Z

le zèbre
das Zebra

le zoo
der Zoo

27 Französische Aussprache

Lautschrift	Französisches Beispiel	So wird es ausgesprochen
[a]	b**a**n**a**ne	wie in B**a**ll
[ɑ]	cl**a**sse	etwas länger, wie in s**a**gen
[e]	b**é**b**é**	wie in S**e**gel
[ɛ]	m**è**re	offenes **e**, etwa wie in w**e**nn
[ə]	m**e**lon	ähnlich wie **e** am Wortende, wie in Vas**e**
[i]	m**i**nute	wie in s**ie**ben, nicht ganz so lang
[o]	r**o**se	wie in l**o**s
[ɔ]	m**o**to	wie in v**o**n
[ø]	bl**eu**	wie in m**ö**gen, nicht ganz so lang
[œ]	c**œ**ur	offenes **ö**, wie in k**ö**nnen
[u]	m**ou**stache	wie in Fl**u**r
[y]	l**u**ne	wie in s**ü**ß
[ʒ]	rou**g**e	stimmhaft, wie in Gara**g**e
[ɲ]	ga**gn**er	wie in Kampa**gn**e
[ŋ]	campi**ng**	wie in si**ng**en
[s]	**s**el	stimmlos, wie in Kla**ss**e
[ʃ]	ca**ch**er	wie in Ti**sch**
[v]	**v**ent	wie in **W**olke
[z]	**z**èbre	stimmhaft, wie in **S**onne
[w]	tr**oi**s	kurzes **u**
[ɥ]	n**u**it	kurzes **ü**

Diese Laute werden durch die Nase gesprochen:

[ɑ̃]	b**an**c
[ɛ̃]	v**in**
[ɔ̃]	b**on**b**on**
[œ̃]	l**un**di

Diese Laute werden wie im Deutschen ausgesprochen:

[b], [d], [f], [g], [j], [k], [l], [m], [n], [p],[r], [t]

Verben

Dieses Kapitel enthält eine alphabetische Liste der wichtigsten Verben. Die Verben *avoir* („haben“) und *être* („sein“) sind ausführlicher beschrieben. So kannst du sehen, wie sie sich je nach Person verändern (siehe Kasten). Vor manchen Verben steht ein „se“, zum Beispiel *se lever* („aufstehen“).

acheter
kaufen

adorer
lieben

aider
helfen

aimer
genießen, mögen

aller
gehen

aller chercher
holen

s'amuser
Spaß haben

apporter
bringen

apparaître
erscheinen

s' appeller
heißen

apprendre
lernen

arrêter
anhalten

s'asseoir
sitzen

atteindre
erreichen

attendre
warten

atterrir
landen

attraper
fangen

avoir
haben

avoir besoin de
brauchen

avoir froid
frieren

avoir peur de
sich fürchten

baigner
baden

boire
trinken

Louise **porte** les sacs.

bouger
bewegen, umziehen

bouillir
kochen, sieden

brosser
bürsten

se brosser les dents
Zähne putzen

cacher
verstecken

camper
zelten

casser
zerbrechen

célébrer
feiern

changer
ändern, wechseln

chanter
singen

chuchoter
flüstern

collectionner
sammeln

commencer
anfangen, beginnen

comprendre
verstehen

compter
zählen

conduire
fahren

connaître
kennen, wissen

construire
bauen

couper
schneiden

courir
laufen, rennen

couvrir
bedecken

creuser
graben

crier
rufen, schreien

croire
glauben

croquer
beißen

cuisiner
kochen

danser
tanzen

(se) décider
(sich) entscheiden

décorer
schmücken

découper
ausschneiden

découvrir
entdecken

demander
fragen, bitten

se dépêcher
eilen, sich beeilen

se déshabiller
sich ausziehen

dessiner
zeichnen

se détendre
sich entspannen

détester
hassen

détruire
zerstören

Attrape le ballon !

A B C D E F G H I J K L M N O P Q R S T U V W X Y Z

devenir
werden

deviner
raten

devoir
müssen

dire
sagen

disparaître
verschwinden

donner
geben, schenken

dormir
schlafen

s' échapper
entfliehen

écouter
zuhören

écrire
schreiben

s' écrouler
hinfallen

(s') effrayer
(sich) erschrecken

embrasser
küssen

enseigner
unterrichten

entendre
hören

s' entraîner
üben

envoyer
schicken

espérer
hoffen

essayer
probieren

étaler
bestreichen

s' étirer
strecken

être
sein

être appelé (e)
heißen

étudier
studieren, lernen

expliquer
erklären

fabriquer
machen

faire
machen, tun

faire de la pâtisserie
backen

faire de la voile
segeln

faire du ski
Ski fahren

faire du théâtre
schauspielern

faire du vélo
Fahrrad fahren

faire les courses
einkaufen gehen

faire un signe de la main
winken

Marie **danse** bien.

Caroline **creuse** dans le sable.

Stéphane **jardine**.

fermer
schließen

finir
beenden

frapper
schlagen

gagner
gewinnen

garder
behalten

glisser
rutschen

gonfler
blasen

goûter
schmecken, kosten

se gratter
sich kratzen

grimper
klettern

s'habiller
sich anziehen

imaginer
sich etwas vorstellen

inventer
erfinden

inviter
einladen

jardiner
gärtnern

jeter
werfen

jouer
spielen

laver
(sich) waschen

laver la vaisselle
abwaschen

lever
heben

se lever
aufstehen

lire
lesen

manger
essen

marcher
spazieren

se marier
heiraten

Je **mange** un gâteau au chocolat.

marquer
punkten

mettre
legen, stellen

monter
einsteigen

monter à cheval
reiten

montrer
zeigen

nager
schwimmen

neiger
schneien

nettoyer
putzen

nourrir
füttern

observer
beobachten

oublier
vergessen

ouvrir
öffnen

parler
reden

Il faut **nourrir** les chiens !

A B C D E F G H I J K L M N O P Q R S T U V W X Y Z

patiner (sur glace)
Schlittschuh laufen

patiner du roller
Rollschuh laufen

payer
bezahlen

peindre
malen

perdre
verlieren

se plaindre
klagen

pleurer
weinen

pleuvoir
regnen

plier
falten

porter
tragen, anhaben

pousser
wachsen

pousser
schieben

pouvoir
können

Plie le papier.

prendre
nehmen

prendre le petit-déjeuner
frühstücken

prendre une douche
duschen

prendre une photo
fotografieren

préparer
vorbereiten

produire
herstellen

se promener en barque
rudern

promettre
versprechen

raconter
erzählen

ramasser
aufheben

ranger
aufräumen

recevoir
bekommen

réchauffer
wärmen

reconnaître
erkennen

réfléchir
nachdenken

regarder
beobachten

regarder la TV
fernsehen

remarquer
bemerken

réparer
reparieren

se reposer
sich ausruhen

ressentir
fühlen

rester
bleiben

se réveiller
aufwachen

rêver
träumen

Bruno prend des œufs pour le petit-déjeuner.

Sophie *s'amuse* !

rire
lachen

sauter
springen

sauver
retten, sichern

savoir
wissen

sembler
scheinen

sentir
riechen

signifier
bedeuten

sonner
klingeln

sortir
hinausgehen

souhaiter
wünschen

sourire
lächeln

se souvenir de
sich erinnern

suivre
folgen

surfer
surfen

surprendre
überraschen

taquiner
necken

tenir
halten

se tenir debout
stehen

tirer
ziehen

tomber
fallen

tourner
umdrehen

traduire
übersetzen

travailler
arbeiten, funktionieren

trouver
finden

utiliser
benutzen

vendre
verkaufen

venir
kommen

vérifier
prüfen

verser
gießen

visiter
besuchen

vivre
leben

voir
sehen

voler
fliegen

vouloir
wollen

voyager
reisen

Les grenouilles **sautent** haut.

A B C D E F G H I J K L M N O P Q R S T U V W X Y Z

abwaschen
laver la vaisselle

ändern
changer

anfangen
commencer

anhaben
porter

anhalten
arrêter

sich anziehen
s'habiller

arbeiten
travailler

aufheben
ramasser

aufräumen
ranger

aufstehen
se lever

aufwachen
se réveiller

sich ausruhen
se reposer

Philippe **écoute** de la musique.

ausschneiden
découper

sich ausziehen
se déshabiller

backen
faire de la pâtisserie

baden
baigner

bauen
construire

bedecken
couvrir

bedeuten
signifier

beenden
finir

beginnen
commencer

behalten
garder

beißen
croquer

bekommen
recevoir

Charlotte **regarde** de la terre.

Lucie **ouvre** la porte.

bemerken
remarquer

benutzen
utiliser

beobachten
regarder

bestreichen
étaler

besuchen
visiter

bewegen
bouger

bezahlen
payer

blasen
gonfler

bleiben
rester

brauchen
avoir besoin de

bringen
apporter

bürsten
brosser

duschen
prendre une douche

eilen, sich beeilen
se dépêcher

einkaufen gehen
faire les courses

einladen
inviter

einsteigen
monter

entdecken
découvrir

entfliehen
s' échapper

(sich) entscheiden
(se) décider

sich entspannen
se détendre

erfinden
inventer

sich erinnern
se souvenir de

erkennen
reconnaître

Peux-tu peindre un tableau ?

erklären
expliquer

erreichen
atteindre

erscheinen
apparaître

(sich) erschrecken
(s') effrayer

erzählen
raconter

essen
manger

fahren
conduire

Fahrrad fahren
faire du vélo

fallen
tomber

falten
plier

fangen
attraper

feiern
célébrer

fernsehen
regarder la TV

finden
trouver

fliegen
voler

flüstern
chuchoter

folgen
suivre

fotografieren
prendre une photo

fragen, bitten
demander

frieren
avoir froid

frühstücken
prendre le petit-déjeuner

fühlen
ressentir

funktionieren
travailler

sich fürchten
avoir peur de

füttern
nourrir

Verse l'eau doucement !

A B C D E F G H I J K L M N O P Q R S T U V W X Y Z

gärtnern
jardiner

geben
donner

gehen
aller

genießen
aimer

gewinnen
gagner

gießen
verser

glauben
croire

graben
creuser

haben
avoir
j'ai
tu as
il, elle a
nous avons
vous avez
ils, elles ont

halten
tenir

Julie **lit** son livre.

Mathieu **court** vite.

hassen
détester

heben
lever

heiraten
se marier

heißen
s' appeller

helfen
aider

herstellen
produire

hinausgehen
sortir

hinfallen
s' écrouler

hoffen
espérer

holen
aller chercher

hören
entendre

kaufen
acheter

kennen
connaître

klagen
se plaindre

klettern
grimper

klingeln
sonner

kochen
cuisiner

kochen, sieden
bouillir

kommen
venir

können
pouvoir

sich kratzen
se gratter

küssen
embrasser

Mélanie **monte** à cheval.

lächeln
sourire

lachen
rire

landen
atterrir

laufen
courir

leben
vivre

legen
mettre

lernen
apprendre

lesen
lire

lieben
adorer

machen
fabriquer

machen, tun
faire

Léa **crie** après son amie.

Clément **dort**.

malen
peindre

mögen
aimer

nachdenken
réfléchir

necken
taquiner

nehmen
prendre

öffnen
ouvrir

probieren
essayer

prüfen
vérifier

punkten
marquer

putzen
nettoyer

raten
deviner

reden
parler

regnen
pleuvoir

reisen
voyager

reiten
monter à cheval

rennen
courir

reparieren
réparer

retten
sauver

riechen
sentir

Rollschuh laufen
patiner du roller

rudern
se promener en barque

rufen
crier

rutschen
glisser

sagen
dire

sammeln
collectionner

Étale le chocolat sur les gâteaux.

La fille **prend une photo.**

schauspielern
faire du théâtre

scheinen
sembler

schenken
donner

schicken
envoyer

schieben
pousser

schlafen
dormir

schlagen
frapper

schließen
fermer

Schlittschuh laufen
patiner (sur glace)

schmecken, kosten
goûter

schmücken
décorer

schneiden
couper

schneien
neiger

schreiben
écrire

schreien
crier

schwimmen
nager

segeln
faire de la voile

sehen
voir

sein
être
je suis
tu es
il, elle est
nous sommes
vous êtes
ils, elles sont

sichern
sauver

singen
chanter

sitzen
s'asseoir

Ski fahren
faire du ski

Valérie **réfléchit.**

Spaß haben
s'amuser

spazieren
marcher

spielen
jouer

springen
sauter

stehen
se tenir debout

stellen
mettre

strecken
s' étirer

studieren
étudier

surfen
surfer

tanzen
danser

tragen
porter

träumen
rêver

Jean **s'entraîne.**

trinken
boire

tun, machen
faire

üben
s' entraîner

überraschen
surprendre

übersetzen
traduire

umdrehen
tourner

umziehen
bouger

unterrichten
enseigner

vergessen
oublier

verkaufen
vendre

verlieren
perdre

Pierre **écrit** un e-mail.

Manon **lave** la vaisselle.

verschwinden
disparaître

versprechen
promettre

verstecken
cacher

verstehen
comprendre

vorbereiten
préparer

sich etwas vorstellen
imaginer

wachsen
pousser

wärmen
réchauffer

warten
attendre

(sich) waschen
(se) laver

weinen
pleurer

werden
devenir

werfen
jeter

winken
faire un signe de la main

wissen
connaître

wollen
vouloir

wünschen
souhaiter

zählen
compter

Zähne putzen
se brosser les dents

zeichnen
dessiner

zeigen
montrer

zelten
camper

zerbrechen
casser

zerstören
détruire

ziehen
tirer

zuhören
écouter

Julien **apprend** français

Expressions

Redewendungen

oui
ja

non
nein

Bonjour!
Hallo!

Au revoir!
Auf Wiedersehen!

À bientôt!
Bis später!

s'il te plaît
bitte

merci
danke

Excuse-moi!
Entschuldige!

Excusez-moi!
Entschuldigen Sie!

Je suis désolé.
Es tut mir Leid.

Je m'appelle...
Ich heiße ...

J'habite à...
Ich wohne in ...

J'ai... ans.
Ich bin ... Jahre alt.

Je ne comprends pas.
Ich verstehe nicht.

Je ne sais pas.
Ich weiß nicht.

très bien
sehr gut

beaucoup
sehr

Die Wochentage

Lundi
Montag

Mardi
Dienstag

Mercredi
Mittwoch

Jeudi
Donnerstag

Vendredi
Freitag

Samedi
Samstag

Dimanche
Sonntag

J'aime / Je n'aime pas...
Ich mag / Ich mag nicht ...

Allons-y!
Gehen wir!

Bon anniversaire!
Alles Gute zum Geburtstag!

Comment ça va?
Wie geht es dir?

Comment t'appelles-tu?
Wie heißt du?

Parles-tu… ?
Sprichst du …?

Aimes-tu… ?
Magst du …?

As-tu… ?
Hast du …?

Puis-je avoir… ?
Kann ich … haben?

Combien… ?
Wie viel …?

Combien?
Wie viele?

Qu'est-ce que c'est?
Was ist das?

Peux-tu m'aider?
Kannst du mir helfen?

Quelle heure est-il?
Wie spät ist es?

Au secours!
Hilfe!

Arrête!
Halt!

Tourne à droite/ à gauche.
Biege rechts/links ab.

Va tout droit.
Gehe geradeaus.

devant
vor

à côté de
nahe bei

Où est/sont… ?
Wo ist/sind …?

janvier
Januar

février
Februar

mars
März

avril
April

mai
Mai

juin
Juni

juillet
Juli

août
August

septembre
September

octobre
Oktober

novembre
November

décembre
Dezember

Les nombres

Die Zahlen

- **0** zéro — null
- **1** un — eins
- **2** deux — zwei
- **3** trois — drei
- **4** quatre — vier
- **5** cinq — fünf
- **6** six — sechs
- **7** sept — sieben
- **8** huit — acht
- **9** neuf — neun
- **10** dix — zehn
- **11** onze — elf
- **12** douze — zwölf
- **13** treize — dreizehn
- **14** quatorze — vierzehn
- **15** quinze — fünfzehn
- **16** seize — sechzehn
- **17** dix-sept — siebzehn
- **18** dix-huit — achtzehn
- **19** dix-neuf — neunzehn
- **20** vingt — zwanzig
- **21** vingt et un — einundzwanzig
- **30** trente — dreißig
- **40** quarante — vierzig
- **50** cinquante — fünfzig
- **60** soixante — sechzig
- **70** soixante-dix — siebzig
- **80** quatre-vingt — achtzig
- **90** quatre-vingt-dix — neunzig
- **100** cent — hundert

Dank

Dorling Kindersley dankt folgenden Personen für die Unterstützung bei der Herstellung des Buches: Darah Ponder und Carole Oliver für Konzeptionsassistenz, Marie Greenwood und Jennie Morris für Redaktionsassistenz, Angela Wilkes für sprachliche Beratung; Katherine Northam für digitale Bearbeitung, Rose Horridge und Rachael Swan für Bildrecherche sowie den Modellen Hope Annets, Mary Mead, Bethany Tombs, Todd und Sophie Yonwin.

Bildnachweis
Abkürzungen: o = oben, u = unten, l = links, r = rechts, m = Mitte
31: www.aviationpictures.com/Austin J. Brown 1983 (ol); 31: m. frdl. Genehmigung des FSTOP Pte. Ltd. Singapur (om); 32: Courtesy of the Natural History Museum, London (or); 54: Corbis/Ronnie Kaufman (ur); 55: Corbis/Craig Tuttle (ol); 55: Corbis/Craig Tuttle (or); 55: Zefa/J. Jaemsen (ml); 55: Zefa/J. Jaemsen (mu); 55: Powerstock (ul); 72: Getty Images/Stone/Stuart Westmorland (ol); 82: Indianapolis Motor Speedway Foundation, Inc. (om); 91: David Edge (om); 91: m. frdl. Genehmigung des Junior Department, Royal College of Music, London (ur).